Blick auf den Bodensee

Bodensee-Radweg

Was ist das Schönste am Bodensee? Eindeutige Antwort: Das Panorama! Die Blicke aufs Wasser, Inseln, Städtchen am Ufer und bei guter Sicht die majestätischen Alpen in Österreich und der Schweiz. Höhepunkte auf der 273 Kilometer langen Strecke sind interessante Städte wie Konstanz, Überlingen, Meersburg, die Insel Lindau, Bregenz, Stein, Schaffhausen und die Blumeninsel Mainau. Ein Kuriosum: Vermutlich ist der Rundweg die einzige Strecke in Deutschland, bei dem Radler unter einem Rathaus hindurchfahren – in Hagnau am Nordufer.

Inhaltsverzeichnis

Was als Bodensee bezeichnet wird, sind eigentlich zwei Seen: Der Untersee westlich von Konstanz ist mit dem vier Kilometer langen Seerhein mit dem Obersee verbunden, dieser ist der eigentliche Bodensee. Die fingerähnliche Ausbuchtung nordwestlich wird als Überlinger See bezeichnet. Die gesamte Fläche beträgt 536 Quadratkilometer, die größte Tiefe 254 Meter. Weitere Zahlen: Von den 273 Kilometern Ufer liegen 28 in Österreich und 72 in der Schweiz. Der See entstand in der Eiszeit durch den Rheingletscher. Seitdem füllen Sedimente die Tiefen, sie gelangen durch die Flüsse hinein. Gut erkennbar ist dies an der Mündung des Alpenrheins, sein Strom ist deutlich gefärbt. Der Bodensee hat eine sehr gute Wasserqualität. Darin leben unter anderem Felchen, die Fische werden in den Lokalen am See serviert. In der Region wird viel Obst angebaut, vor allem Äpfel. Außerdem gibt es viele Reben.

Die Ufer sind und waren für Siedlungen attraktiv. Bereits vor rund 6.000 Jahren lebten dort Menschen, was durch Funde belegt wurde. Ungewöhnlich sind Pfahlbauten, die in Ufernähe im Wasser standen. Reste gibt es an einigen Stellen im See, beim Pfahlbaumuseum Unteruhldingen wurde eine Siedlung mit 23 Häusern rekonstruiert.

Zur Strecke: Allzu viel Kondition muss man für den Bodensee-Rundweg nicht haben. Bis auf eine kurze Passage bei Dettingen am Überlinger See gibt es keine nennenswerten längeren Steigungen – insgesamt sind es rund 1.200 Höhenmeter. Allerdings müssen Radler oft kurze steile Anstiege überwinden. Für Kinder ist die Strecke gut geeignet. Die Wege sind durchweg sehr gut, eine schmale Bereifung ist ausreichend, breite Reifen bieten jedoch mehr Komfort. Die Beschilderung ist in beide Richtungen sehr gut, an einigen Stellen gibt es Alternativstrecken – sie sind im Folgenden beschrieben.

Am Überlinger Hafen

Der Rundweg ist sehr beliebt, jährlich sind dort über 200.000 Radler unterwegs. Wer kann, sollte Urlaubsmonate und Wochenenden vermeiden. Außerdem kann es im Hochsommer heiß werden, dann gibt es häufig Gewitter sowie im Herbst oft Nebel. Idealerweise startet man an einem Montag von Ende April bis Mitte Juni. Und dies bitte im Uhrzeigersinn, denn dann ist man auf der Seeseite unterwegs. Wer in Gegenrichtung fährt, hat oft eine Autostraße zwischen See und Radweg. Sturmwarnungen sollte man ernst nehmen, rund um den See sind orangefarbene Blinklichter installiert. Es kann dann auch plötzliche Böen geben. Auf dem Bodensee-Radweg sind viele Radler – manche schnell, andere langsam –, Jogger, Inlineskater sowie Fußgänger unterwegs. Außerdem gibt es oft Gegenverkehr. Deshalb der Hinweis: Fahren Sie vorsichtig! Empfehlenswert ist auch ein Rückspiegel – womöglich möchte ein schneller Radler überholen, wenn man selbst gerade einen Schlenker plant, um einem Fußgänger auszuweichen.

In Österreich ist der Euro Zahlungsmittel, in der Schweiz kann man überall mit Euro bezahlen, erhält jedoch Schweizer Franken als Wechselgeld zurück. Wer

Blick vom Leuchtturm auf Lindau

nach dem Schweizer Abschnitt noch Kleingeld hat, kann damit auch an den anderen Seeufern bezahlen – oder die Münzen als Trinkgeld verwenden. Das Preisniveau ist direkt am See höher als im Umland und am Ufer der Schweiz am höchsten. Übernachtungsmöglichkeiten sind reichlich vorhanden, die individuellen Etappenlängen sind deshalb auch nicht davon abhängig. Wer zelten möchte, kann dies auf 60 Campingplätzen tun.

Nicht vergessen: Nehmen Sie einen Personalausweis oder Pass mit!

Abends in Unteruhldingen

Anreise mit der Bahn:

Da Sie der Bodensee-Radweg einmal rund herum führt, können Sie Ihre Reise im Prinzip überall anfangen. Wenn Sie mit der Bahn anreisen, sind die Orte Konstanz, Lindau oder Bregenz als Startpunkt zu empfehlen, denn zu den genannten Orten gibt es eine gute Anbindung und Sie können in allen drei Orten bequem direkt am oder in der Nähe des Bahnhofs ein Fahrrad ausleihen:

Kultur-Rädle Konstanz GbR am Bahnhof:
Tel. +49(0)75 31/27 31 0

Unger Fahrrad und Verleih, Inselgraben 14:
Tel. +49(0)83 82/94 36 88

Fahrradverleih Bregenz, Seepromenade:
Tel +43(0)6 64/88 78 50 16

Dies sollen nur Vorschläge sein, denn im Prinzip können Sie überall an der Strecke Fahrräder ausleihen, eine Gesamtübersicht aller Anbieter finden Sie auf der Service-Seite www.bodensee-radweg.com. Der Radreise-Veranstalter bietet neben vielen nützlichen Infos auch Reisen mit Gepäcktransport an. Damit können Sie natürlich noch unbeschwerter und leichter radeln.

Und möchten Sie die Route einmal abkürzen, können Sie bequem umsteigen. Informationen vorab am besten im Internet unter www.bahn.de, www.sbb.ch und www.oebb.at – denn auch die Züge sind international!

Jederzeit abkürzen können Sie natürlich auch mit Schiff, Fähre oder Katamaran, oder einfach nur wegen einer schönen Bootstour. Auf fast allen Schiffen ist die Fahrradmitnahme möglich, allerdings nur bei genügend Platz.

Die meisten Schiffe auf dem See gehören zur Weißen Flotte der Bodensee-Schiffsbetriebe GmbH (BSB): Tel. Konstanz Tel. +49 (0) 7531 3640-0, www.bsb.de.

Es gibt jedoch noch einige andere Anbieter, eine Übersicht und die entsprechenden Fahrpläne finden Sie unter www.schiffe.bodenseeportal.de/schifffahrt.html

Ergänzendes Kartenmaterial:

- **ADFC-Regionalkarte Bodensee**, 1:50.000, ISBN 978-3-96990-169-4
- **ADFC-Radtourenkarte Bodensee / Schwäbische Alb**, Blatt 25, 1:150.000, ISBN 978-3-96990-004-8

Die Regionalkarten auch als App für iPhone und iPad unter: www.fahrrad-buecher-karten.de/kartenapp

Zum Gebrauch des ADFC-Radreiseführers

Der ADFC-Radreiseführer besteht inhaltlich aus drei Teilen:

- Kartenteil mit dazu passenden, detaillierten Wegbeschreibungen,
- Reiseführerteil mit Informationen zu Sehenswürdigkeiten,
- Anhang mit Adressen der Touristinformationen, Fahrradwerkstätten und Übernachtungsbetrieben.

Abgerundet wird alles durch den praktischen Komfort-Umschlag sowie durch die kostenlosen GPS-Track-Daten.

Kartenteil + Wegbeschreibungen

Dieser Teil dient der optimalen Orientierung und Navigation während der Tour. Die hier platzierten exakten Karten 1:50.000 (Stadtpläne 1:10.000 bzw. 1:15.000) und detaillierten Wegbeschreibungen sind **immer passend zueinander angeordnet**. Somit entfällt lästiges Hin- und Herblättern zwischen Karte und Wegbeschreibung!

- Die Farbe der Radroute stellt deren Status dar: rot = beschriebene Hauptroute, orange = Zu- und Abfahrten, Varianten und Abstecher, grün = kreuzende Radfernwege.
- Die Form der Radrouten-Linie stellt die Wegeoberfläche und die Kfz-Belastung dar (stark, mäßig oder wenig/gar nicht befahren, Asphalt, Waldwege, schlechte Oberfläche – siehe Legende).
- Die Hauptroute ist in Karte und Wegbeschreibung mit einer fortlaufenden Kilometrierung versehen.
- Sowohl Haupt- als auch Nebenrouten sind mit Steigungspfeilen versehen.
- Übernachtungsbetriebe, die nach den strengen Bett+Bike-Richtlinien des ADFC zertifiziert sind, sind in der Karte mit einer Nummer dargestellt (**1**), anhand derer sich der Betrieb im Übernachtungsverzeichnis (s.u.) wiederfinden lässt.
- Schwarze Nummern ➊ (Orientierungspunkte) verbinden Wegbeschreibung und Karte.
- Rote Nummern ➊ (Sehenswürdigkeitspunkte) weisen darauf hin, dass diese Sehenswürdigkeiten im Reiseführerteil (s.u.) näher beschrieben werden.

Reiseführerteil

Dieser Teil öffnet Ihnen die Augen für das „Links und Rechts" des Wegesrands. Er ist sowohl für die Vor- und Nachbereitung der individuellen Tagesetappen geeignet wie auch fürs schnelle und gezielte Nachschlagen während der Tour.

Deshalb ist der Text übersichtlich nach Orten und Sehenswürdigkeiten strukturiert. Die roten Sehenswürdigkeits-Nummern ➊ aus den Karten bilden dabei die perfekte Orientierung und Verbindung zu Karten und Wegbeschreibungen (s.o.).

Adressverzeichnis

Hier finden Sie Adressen von Touristinformationen, Fahrradwerkstätten und Übernachtungsbetrieben.

Das umfangreiche Übernachtungsverzeichnis beinhaltet Adressen, Telefonnummern, Internetadressen und Preiskategorien. Die Quartiere sind sortiert nach Orten in der Reihenfolge der Befahrung. Handelt es sich bei einem Quartier um einen Bett+Bike-Betrieb, ist dieser zusätzlich mit einem entsprechenden Symbol und einer Nummer (**1**) gekennzeichnet – ein schnelles Wiederfinden in der Karte garantiert. Wir empfehlen immer, vorm Ansteuern eines Übernachtungsquartiers dort anzurufen, da hin und wieder Betriebe ausgebucht sind oder nicht mehr existieren.

Komfort-Umschlag

Der Umschlag des ADFC-Radreiseführers verfügt über zwei praktische Klappen mit oft benötigten Informationen – vor und während Ihrer Tour:

Obere Umschlagklappe mit Kartenübersicht und Höhenprofil

Die Kartenübersicht dient der großräumigen Orientierung. Hier sind alle Kartenausschnitte sowie Bahnhöfe und wichtige Sehenswürdigkeiten eingetragen. Die Route ist nochmals kilometriert – perfekt auch für die Tourplanung.

Untere Umschlagklappe mit Kartenlegende

Hier ist die Zeichenerklärung jederzeit schnell zu finden - und kann ebenfalls als praktisches Lesezeichen verwendet werden!

GPS-Track-Download

Mit dem Code **BOSEE-03-204-662-RR** können Sie sich unter **www.fahrrad-buecher-karten.de** die zum Radführer passenden gpx-Tracks kostenlos herunterladen.

Musterkartenausschnitt

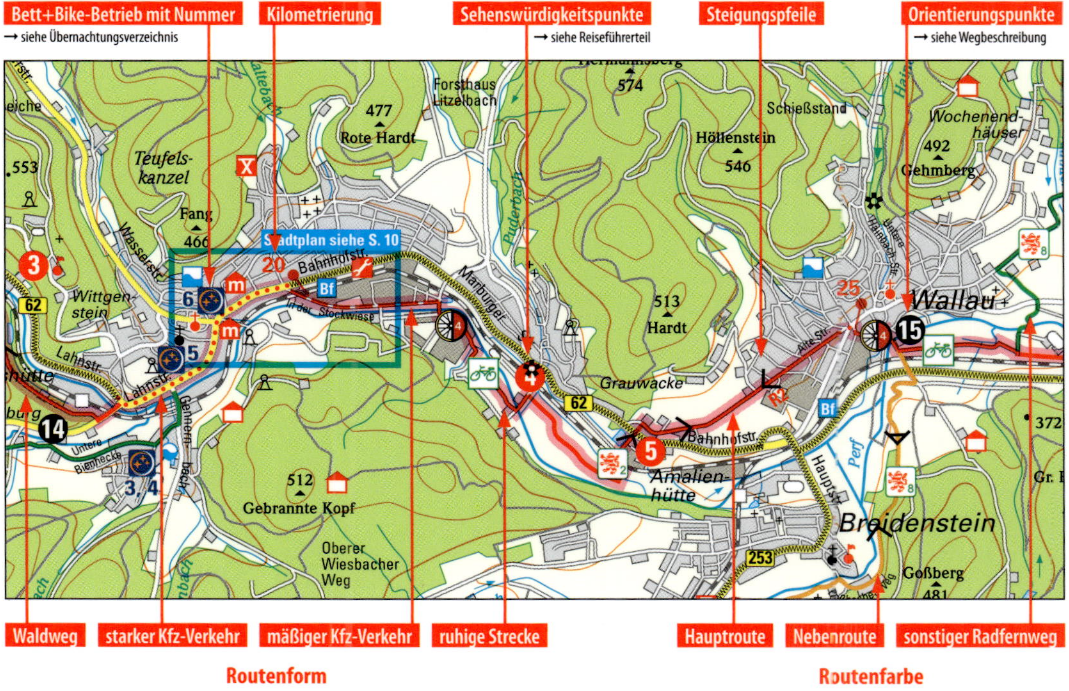

Wegbeschreibung

Sightseeing per Velo Konstanz (Sehenswürdigkeiten siehe auch S. 53-57)

Wer die Altstadt besichtigen möchte, bitte zunächst der Wegbeschreibung unten S. 9 bis zur ❷ folgen.

Dort an der Straße *Marktstätte* ***links*** abbiegen. Vorbei am ❺ Rosgartenmuseum geht es ***links*** in die *Hussenstr.* zum ❻ Jan-Hus-Museum. Zurück geht es über den Obermarkt bis zum ❼ Münster und zur ❽ Städtischen Wessenberg-Galerie. Wenige Meter südlich ist die ❾ Stephanskirche. Von hier geht es über Münsterplatz und *Theatergasse* zum Bodenseeradweg.

Zum ❶ Hafen mit ❷ Imperia sowie ❸ Bodensee-Naturmuseum und ❹ Sea Life geht es bei ❷ durch die Unterführung.

Innenstadt von Konstanz

Wegbeschreibung

km

1 Am Bahnhof geht es Richtung Norden. Es gibt zwei Möglichkeiten: Die eine ist, direkt auf der Straße vor dem Bahnhof loszufahren. Dort ist jedoch viel Verkehr. Empfehlenswert ist, die Straße zu queren und auf der anderen Seite das Rad auf dem Fußweg 100 Meter bis zur Straße *„Marktstätte"* zu schieben.

2 (Hier Startpunkt der Sightseeing-Tour, siehe oben S. 8.) Hinter der Linkskurve dem Radweg auf der linken Seite der *Konzilstraße* weiter Richtung Norden folgen.

1

3 Nach einer Unterführung am Rhein beim Rheintorturm ***links*** und über die Brücke. In der Nähe ist das **10 Archäologische Landesmuseum** (S.57).

4 ***Links*** und unter der Autobrücke hindurch. Dann an der Promenade am Bodenseeufer weiter.

5 Nach dem Yachthafen auf dem Radweg bleiben und diesem ***halblinks*** folgen. Weiter durch ein Wohngebiet.

6 Die dritte Querstraße ***rechts*** (*Eichornstraße*).

3

7 Kurz vor einem Sportplatz ***halblinks*** in die *Jakobstraße*.

Zur Fortsetzung bitte umschlagen auf Seite 11.

Wegbeschreibung

15 ***Rechts*** und sofort wieder ***links***. 100 Meter weiter nochmals ***rechts***.

16 In Dingelsdorf ***rechts*** ab. 100 Meter weiter ***halblinks*** hoch in die Straße *„Zur Mühle“*.

17 100 Meter weiter ***links*** hoch und ***rechts*** in die Straße *„Am Klausenhorn“*.

18 ***Halblinks*** in die *Hornwiesenstraße*.

19 Am Ortsrand von Wallhausen am Strandbad vorbei und in den Ort. Am Hafen ***links*** hoch dem Radlerschild „Bodman“ folgen und auf der Straße weiter.

Alternative

Nach dem Ort beginnt ein Radweg. Am Waldrand kann man ***rechts*** abbiegen und durch den Wald auf unbefestigtem Weg zur Hauptroute fahren. Diese Strecke ist jedoch ungefähr genauso lang und hat ähnlich viele Höhenmeter wie die Hauptroute.

20 Am Ortsrand von Dettingen ***rechts*** hoch und nach 50 Metern ***links***. 100 Meter weiter wieder ***links***.

21 An der Durchgangsstraße nach ***rechts*** und damit dem Radlerschild Bodman folgen.

Zur Fortsetzung bitte umschlagen auf Seite 12.

Wegbeschreibung

❽ **Nach 1 km *rechts* in die** *Lindauerstraße*.

❾ 100 Meter weiter ***links*** dem Straßenverlauf folgen.

❿ An der Einmündung der *Lindauer* in die *Staader Straße* ***links*** und nach wenigen Metern ***rechts*** in die *Hoheneggstraße*.

⓫ ***Geradeaus*** weiter über die breite Zufahrtstraße zur **Fähre**. Kurz darauf geht es an der **Ruppaner-Brauerei** vorbei.

⓬ Beim Örtchen Egg ***links*** hoch und 100 Meter weiter nach ***rechts*** dem Radlerschild „Mainau“ nach.

Abstecher ⓫ **Mainau** **(S.57)**

Der Radweg führt direkt am Eingangsbereich zur „Blumeninsel“ Mainau vorbei. Räder dürfen nicht mitgenommen werden. Um Gepäck sicher unterzubringen, können große Schließfächer am Busparkplatz genutzt werden (12 Stunden für 2 Euro).

⓭ ***Rechts*** ab dem Radlerschild Bodman folgen.

⓮ Am Ortsrand von Litzelstetten ***rechts*** in die Straße *„Am See“*.

Fortsetzung siehe oben Seite 10.

Wegbeschreibung

km ㉒ Per Unterführung auf die andere Seite der Autostraße und auf dem Radweg weiter daran entlang.

26 ㉓ Auf der Autostraße durch Liggeringen. Nach der Kirche ***links***.

Keine gute Alternative

Zwar ist es möglich, hinter der Kirche rechts Richtung Bodman zu fahren und rund 4 km weniger zurückzulegen. Doch dort ist es wegen dunkler Kurven und fehlendem Radweg gefährlich, es gab bereits mehrere Unfälle.

㉔ Ab Ortseingang Güttingen auf der Autostraße weiter.

㉕ Im Ort bei einem Kreisverkehr ***halblinks*** in die *Buchenseestraße*.

30 ㉖ Bei der Durchgangsstraße per Unterführung auf die andere Seite wechseln und ***rechts***.

㉗ ***Rechts*** Richtung Bodman.

㉘ Am Ortsrand von Bodman weiter an der Durchgangsstraße dem Radlerschild Überlingen folgen.

Abstecher Bodman (5 km)

An dieser Stelle ***halbrechts*** in den Ort hineinfahren. Sehenswürdigkeiten sind das Schloss am östlichen Ortsrand sowie im Wald das ⑫ Kloster Frauenberg und die ⑬ Ruine Altbodman (S.59). Letztere sind über einen längeren Spaziergang gut erreichbar.

39 ㉙ Nach der Bahntrasse ***rechts*** weiter auf einem Radweg.

Zur Fortsetzung bitte umschlagen auf Seite 14.

ÜBERLINGER SEE
Bodanrück
Bodenwald
ehem. Bodenburg
Idrichstal
Böhlerberg
Stahringen
Ziegelhof
Mühlsberg
Güttingen
NSG
Liggeringen
Stöcken-Joch
Teufelstal
Strecke für Radverkehr gesperrt
Kein Zu-/Ausstieg mit Fahrrad möglich
Marienschlucht
Bord
Buchenseen
Naturschutz Zentrum
Möggingen
Röhrnang
Höfen
Bodensee-Radweg
Langenrain
Liggeringer Str.
Zum Mindelsee
Kargegg
Golfplatz
Ziegelhof
Alter Bohl
Dürrenhof
Hirtenhof
Fällgraben
Mindelsee
Krebsbach
Adernbach
Mühlbach
Radolfzell am Bodensee
Buchhof
Radolfzeller Str.
Markelfingen
Hornhalde
Zellerholz
Stöckenmühle
Stöckenhof
Stöckenhofstr.
Langenrainer Str.
Freudental
Pohnhausen
Sack
Höhe
Bf
33
10
24
25
26
23
22
30
20

Wegbeschreibung

30 In Ludwigshafen nach dem Bahnhof die Gleise queren und vor einer Grünanlage ***halblinks***. In der Grünanlage kann das **14 Kunstwerk „Ludwigs Erbe"** (S.59) besichtigt werden.

31 Durch eine Bahnunterführung und ***rechts***.

32 In Sipplingen ***rechts*** ab und die Autostraße über eine Brücke queren. Dann daran weiter.

Alternative

Etwas länger und einige Höhenmeter hat die Strecke durch den Ort. ***Halblinks*** die Straße *In der Breite* hoch und am Friedhof vorbei. Am Ende der *Schulstraße* ***links*** hoch und 50 Meter weiter ***rechts*** in die Straße *Am Brunnenberg*. Die nächste ***links*** und darauf bergab, aus dem Ort hinaus bis zu Bundesstraße.

Sehenswürdigkeiten sind die **15 Hörspielkirche** und in der Tourist-Info eine **16 Ausstellung zu Pfahlbauten** (S.60).

33 Nach dem Bahnhof die Gleise queren und ***rechts***.

Fortsetzung siehe unten Seite 15.

Wegbeschreibung

47 **34** Die Straße queren und ***rechts*** auf einen Radweg.

35 In Überlingen-Goldbach vom Radweg auf die Durchgangsstraße.

36 Kurz nach dem **17 Stadtgarten** (S.60) ***halbrechts*** weiter in eine Einbahnstraße (wer hier entgegen dem Uhrzeigersinn um den Bodensee fährt, nutzt die parallele Einbahnstraße).

Abstecher Innenstadt Überlingen

Am besten 200 Meter nach dem Abzweig ***links*** durch eine schmale Gasse Richtung **18 Rathaus**, **19 St. Nikolaus Münster**, **20 Städtische Galerie** und **21 Stadtmuseum** (S.60-61) fahren.

37 Am Kreisverkehr ***rechts*** ab zum Bodensee und am Ufer weiter.

52 **38** Nach ***links*** hoch bis zur Durchgangsstraße und vor der Bahntrasse ***rechts*** ab, dem Radlerschild Meersburg folgen.

Zur Fortsetzung bitte umschlagen auf Seite 16.

Wegbeschreibung

km

39 Bei einer alten Eisenbahnbrücke ***rechts*** und dem Straßenverlauf folgen.

57

40 Hinter der 22 Wallfahrtskirche Birnau und 23 Schloss Maurach (S.62-63) ***rechts*** ab dem Schild Seehalde folgen. **Achtung!** Hier steht kein Radlerschild. Außerdem nicht vom Hinweis Sackgasse abschrecken lassen.

41 In Seefelden die Kirche halb umrunden, dann ***rechts***.

Fortsetzung siehe unten Seite 17.

Wallfahrtskirche Birnau

Wegbeschreibung

km

42 Nach einem Tennisplatz ***rechts***. Kurz darauf steht das 24 Pfahlbaumuseum (S.63) nahe am Radweg. 25 Reptilienhaus und 26 Traktormuseum (S.63) liegen etwas außerhalb.

60 43 ***Rechts***.

Zur Fortsetzung bitte umschlagen auf Seite 18.

Innenstadt von Meersburg

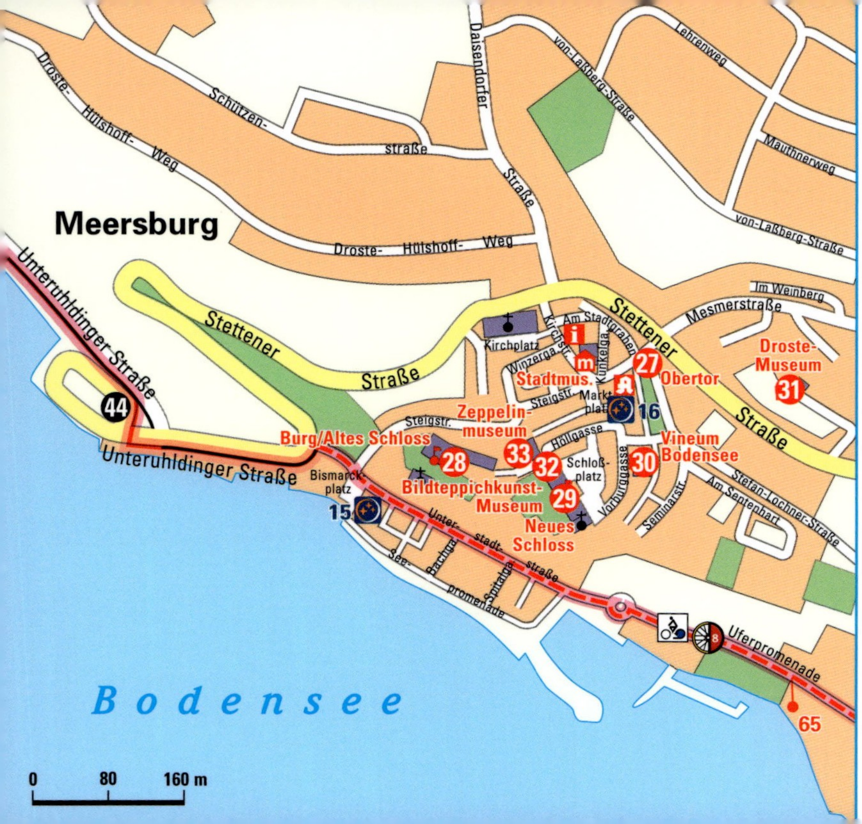

Wegbeschreibung

km **44** Nach dem Fähranlager ***rechts*** und auf dem rot markierten Radstreifen Richtung Stadtzentrum von Meersburg durch das Stadttor. In der Altstadt sind das **27 Obertor**, **28 Burg/Altes Schloss**, **29 Neues Schloss**, **30 Vineum Bodensee**, **31 Droste-Museum**, **32 Bildteppichkunst-Museum** sowie das **33 Zeppelinmuseum** (S.64-66) interessant.

69 **45** In Hagnau ***links*** in den *Kapellenweg* (wer zum **36 Das Kleine Museum - Spielzeug aus zwei Jahrhunderten** (S.67) möchte, hier ***links***), die nächste ***rechts*** und mit einer S-Kurve in die *Strandbadstraße*. Rechts befindet sich der **34 Uferpark** und das **35 Hagnauer Museum** (S.66).

46 Nach **37 Schloss Hersberg** (S.67) ***halbrechts*** abwärts Richtung Ortskern von Immenstaad und an der St. Michaels-Kapelle und Schwörerhaus vorbei. Wer Glück hat, kann im Hafen das **39 Historische Frachtschiff Lädine** (S.67) sehen. (das **38 Heimatmuseum** ist im Ortsteil Kippenhausen nördlich).

Alternative

Weiter an der Bundesstraße entlang. Dies ist jedoch nicht kürzer.

47 Am Ortsrand ***rechts*** ab auf einen Radweg.

75 **48** Zwei Nebenstraßen queren und an der Bundesstraße auf einem Radweg weiter.

Zur Fortsetzung bitte umschlagen auf Seite 21.

Meersburg
Siechenweiher
27-33
Stetten
Breitenbach
Hohenwald
Breitenried
Efrizweiler
Lettenhof
Auf dem Roggele
Försterhaus
Felben
Hundweiler
Leiwiesen
Kreuzäcker
Mühlöschle
„Meersburg Therme"
Weingarten
Wald
Kluftern
Obstgut Faust
Harlachen
Reute
Hub
Höge
(ehem. Landoltshof)
Am See
Ziegelei
Ziegelacker
Eichenmühle
Hofen
romanische Chorturmkirche
Haldenhof
Frenkenbach
Das Kleine Museum
Hagnauer Museum
Abenteuerpark
Siedlung
Kippenhausen
Heimatmuseum
Fischbach
Hagnau am Bodensee
Uferpark
Ferienwohnpark
Kirchberg
Hersberg
Schloss Hersberg
Grenzhof
NSG
Bodensee-Radweg
Helmsdorf
Immenstaad am Bodensee
Manzell
Mittelwasserstand 395 über Normalnull (NN)
Kippenhorn
Historisches Frachtschiff Lädine
BODENSEE
Katamaran
17
21

FRIEDRICHSHAFEN
Bodensee
Friedrichshafen Stadt
Friedrichshafen Hafen
Stadtgarten
Schulmuseum
Klangschiff
Schlosskirche
Schloss
Rathaus
St.-Nikolaus
Zeppelin-Museum
Hafen
Moleturm
St.-Petrus-Canisius-Kirche
Franziskusplatz
Charlottenhof
Adenauerplatz
Buchhornplatz
Romanshorner Platz
Zeppelinstraße
Friedrichstraße
Karlstraße
Uferstraße
Klosterstraße
Schloßstraße
Werastraße
Olgastraße
Eugenstraße
Hofener Straße
Charlottenstraße
Bismarckstraße
Paulinenstraße
Eckenerstraße
Ailinger Straße
Riedleparkstraße
Seestraße
Goldschmiedstr.
Eugen-Bolz-Str.
Schanzstraße
Sedanstraße
Wilhelmstraße
Montfortstr.
Moltkestraße
Wolfgangstraße
Werderstraße
Kleinebergstraße
Löwentaler Straße
Wendelgardstraße
Katharinenstraße
Marienstraße
Ernst-Lehmann-Straße
Sandöschstraße
Joseph-Mauch-Straße
Hochstr.
Brühlpfad
Schmidstraße
Kapfstraße
Oranienstr.
Schillerstraße
Möttelistraße
adfc
0 80 160 m
51 52 53 54 19 40 41 42 43 44 45

Wegbeschreibung

km 83

49 **Achtung!** Der Abzweig ist leicht zu übersehen: Nach ***rechts*** die Bahntrasse queren und ***links***.

50 **Achtung!** Auch hier fährt man schnell vorbei: ***Rechts*** die *Schloßstraße* abwärts.

51 ***Links*** in die *Klosterstraße* und am **40 Schloss** und **41 Schlosskirche** (S.69) vorbei.

52 Die Autostraße queren, einige Meter durch einen kleinen Park und an der Durchgangsstraße weiter (wer zum **42 Schulmuseum** (S.69) möchte, vor dem Park ***links***).

53 Nach einem großen Park mit Zeppelin-Denkmal und -Brunnen ***rechts*** die *Karlstraße* Richtung Bodensee weiter. Dort im **44 Hafen** gibt es einen Aussichtsturm und in der Nähe ein **43 Klangschiff** (S.70).

54 Nach dem **45 Zeppelin-Museum** (S.70) ***halblinks*** einen Busbahnhof queren. Dann an der Ampelkreuzung ***rechts*** entlang der *Eckenerstraße* und damit dem Radlerschild Lindau nach. (Wer zum **46 Dornier Museum** (S.70-71) oder der Firma **47 Zeppelin NT** möchte, an der Kreuzung ***geradeaus***, bei der nächsten Kreuzung ***geradeaus***, unter der Bahntrasse hindurch und ***rechts*** zum Flughafen.)

Zur Fortsetzung bitte umschlagen auf Seite 22.

Wegbeschreibung

km

55 An der Jugendherberge ***rechts*** in die *Seewiesenstraße* und damit dem Radlerschild Lindau nach.

85 56 ***Rechts***.

57 Vor Eriskirch bei einer Kapelle ***links*** und sofort vor der Bahntrasse ***rechts*** dem Radlerschild Lindau nach (das 48 Naturschutzzentrum (S.71) ist hier auf der anderen Seite der Bahntrasse).

90 58 Beim Bahnübergang ***rechts***.

59 Vor Langenargen ***rechts*** und kurz darauf nach ***links*** durch die *Untere Seestraße*. Bald darauf ist 49 Schloss Montfort (S.71) in Sichtweite.

Fortsetzung siehe unten Seite 23.

Hängebrücke über die Argen

Wegbeschreibung

km

60 Vor dem Rathaus ***rechts***.

61 ***Halblinks*** von der *Oberen Seestraße* in den *Bleichweg*.

62 ***Geradeaus*** weiter.

Alternative

Rechts in den Argenweg und damit dem Radlerschild „Gohren" folgen. Die Alternative ist etwas kürzer, allerdings verpasst man so die historisch bedeutsame **50 Hängebrücke über die Argen** (S.72).

63 Autostraße queren und kurz darauf ***links*** ab zur **Hängebrücke**.

Alternative

Wer die Hängebrücke nicht sehen möchte, kann auf dem Radweg rechts der Autostraße bleiben.

95 64 ***Rechts*** ab.

65 Beim Kreisverkehr am Campingplatz ***halblinks***.

66 Am Ortsrand von Tunau ***rechts*** und damit dem Radlerschild Lindau nach.

67 In Kressbronn ***rechts*** ab in die *Seestraße*. Das **51 Museum im Schlössle** (S.72) liegt in der Nähe.

68 Nach einem kleinen Park am Seeufer ***halbrechts***.

100 69 ***Rechts*** abwärts.

Zur Fortsetzung bitte umschlagen auf Seite 24.

Wegbeschreibung

km

70 In Nonnenhorn ***Links*** hoch und vor dem großen 52 **Weintorkel** (S.72) ***rechts***.

71 Kurz nach Wasserburg - dort gibt es ein Schloss und das 53 **Museum im Malhaus** (S.72) - ***rechts*** die *Höhenstraße* abwärts.

104 72 ***Rechts***.

73 Am Ortsrand von Reutenen ***halblinks*** halten.

74 ***Rechts*** dem Radlerschild Lindau - Insel nach.

Abstecher nach Lindau (ca. 3 km):

Nach der Bahntrasse ***rechts*** abbiegen und möglichst immer ***geradeaus*** halten bis zum 54 **Seehafen** mit der Skulptur eines Löwen und dem 55 **Mangenturm**. Von dort geht es durch die Altstadt mit 56 **Peterskirche**, 57 **Altes Rathaus** und 58 **Stadtmuseum** und **Kunstsammlung im Haus Cavazzen** (alle S.74) verschiedene Gassen führen zum Ziel - zur östlichen Seebrücke und über diese wieder auf die Hauptroute zu 75. Der 59 **Pilzkiosk** (S.75) steht am Ufer zum „Kleinen See".

75 Am Kreisel ***halblinks***.

109 76 Vor der Bahntrasse ***rechts*** und damit dem Radlerschild Bregenz folgen.

77 ***Rechts*** die *Einwaldstraße* abwärts.

78 Vor der Bahntrasse ***rechts*** ab in einen Wirtschaftsweg. **Achtung!** Lassen Sie sich nicht von dem Radlerschild verwirren, das hier Richtung Bregenz geradeaus zeigt.

Zur Fortsetzung bitte umschlagen auf Seite 27.

Nonnenhorn
Hege
Hermannsberg
467
493
Schönau
Achrain
456
Rehlings
Golfplatz
Oberhof
Niederhaus
Weißensberg
Sigmarszell
Zeisertsweiler
Egghalden
Bettnau
Bild
NSG
471
Ebnit
Schönbühl
Greit
Tobel
Bodensee-Königssee-Radweg
Weintorkel
Mittenbuch
Hochsträß
Bodolz
Hoyerberg
Hochbuch
Heimesreutin
Motzach
Witzigmänn
Erlesberg
458
Wasserburg (Bodensee)
Museum im Malhaus
403
Enzisweiler
Hoyren
Klosterhof
Streitelsfingen
Bösenreutin
Rothenmoos
Oberreutin
Reutenen
Schwand
Ebner
Bad Schachen
Holben
Schl. Moos
Schl. Senftenau
Wannenthal
Hangnach
105
Degelstein
Lindenhofpark
Giebelbach
399
Wacker
Aeschach
Reutin
400
Rickenbach
Oberhochsteg
Hörbranz
Bodensee-Radweg
Kleiner See
Insel
Pulvertum
Insel Hoy
110
Therme Lindau
AS Lindau
Altes Rathaus
Mangturm
Lindau (Bodensee)
Leuchtturm und Löwenmole
Stadtplan siehe S. 24
Weidach
AS Hörbranz-Lochau
Leiblach
Zech
BODENSEE
Unterhochsteg
Bäumle
23
27
29/30
52
53
54-59
69
70
71
72
73
74
75
76
77
78
28
29
100
31
E54
12
96
E43
308

0 110 220 m
Bodensee
Bregenz
Strandbad
Strandweg
Seebühne Bregenz
64
Festspielhaus
Hallenbad
80
79
Seepromenade
Kunsthaus
61
Voralberg Museum
62
Kornmarktplatz
Bregenz-Hafen
Reichsstraße
Seestraße
Schweizer Str.
Montfortstraße
Bregenz
60
Pfänderbahn und Museum
65
Kloster Mehrerau
Mehrerauer Straße
Mehrerauerstraße
Meinradgasse
Druckergasse
Bodangasse
Stockachgasse
Sägergasse
Beergasse
Bachgasse
Fritzstraße
Vorklostergasse
Reutegasse
Rummergasse
Geserstraße
Ankergasse
Bahnhofstraße
Bahnhofstr.
Römervilla
Rheinstraße
Römerstraße
Klostergasse
Augasse
Wolfeggstraße
Thurn- und Taxis-Park
Sankt-Anna-Straße
Allgasse
Römerstr.
Kirchstraße
Maurachgasse
Deuringstraße
Kolpingplatz
Am Brand
63
Martinsturm
Anton-Schneider-Straße
Brandgasse
Belruptstraße
Weißenreuteweg
Schillerstraße
Am Steinenbach
Eichholzstraße
Rathausstraße
Kaiserstraße
Inselstraße
Färbergasse
Kapuzinergasse
Kolumbanstraße
Gallusstraße
Thalbachgasse
Amtstorstraße
Mildenbergstraße
Berg-Isel-Weg
Eponastr.
Blumenstraße
Ölrainstraße
Drususgasse
Tiberiusstr.
Radhahngasse
Auf der Matte
Wuhrbaumweg
Max-Haller-Straße
In der Braike
Brosswaldengasse
Merbodgasse
Diedogasse
Ilgagasse
Quellenstraße

Wegbeschreibung

km

79 Am **Bahnhalt Bregenz** ***rechts*** und im Linksbogen am **Casino** vorbei. Rechterhand liegt das **64 Festspielhaus und Seebühne** (S.77). Weitere Attraktionen der Stadt sind **60 Pfänderbahn und Museum**, **61 Kunsthaus**, **62 Vorarlberg Museum** (S.75), sowie das Wahrzeichen, der **63 Martinsturm** (S.77).

118

80 Kurz darauf am Rande des großen Parkplatzes ***links*** am **Hallenbad** vorbei und weiter auf dem *Strandweg* ***geradeaus***. Bald darauf ist das **65 Kloster Mehrerau** (S.78) in Sichtweite.

81 Bei einem Kiosk ***links*** und dem Radlerschild Hard - Rorschach nach.

82 ***Rechts*** und den Fluss Bregenzer Ach queren.

83 ***Rechts*** ab dem Radlerschild Rorschach nach.

123

84 ***Links*** in den Ort. An diesem Abzweig ist die Straße für Radler rot markiert.

Zur Fortsetzung bitte umschlagen auf Seite 28.

Wegbeschreibung

km **85** Vor der Kirche ***rechts*** dem Schild „Uferweg nach Fußach" folgen. Bei einem Park ***halbrechts*** (Markierung auf der Straße.)

Abstecher Hard (2,5 km)

Wer das **66** Textildruckmuseum (S.78) besichtigen möchte, sollte an der Kirche ***geradeaus*** fahren.

125 **86** Bei einem kleinen Bootshafen ***halblinks*** und über zwei schmale Brücken für Radler und Fußgänger.

87 Bei der Autostraße ***rechts*** und über zwei Brücken, die zweite geht über den Rhein.

88 Direkt nach der Brücke ***rechts*** dem Radlerschild Rorschach nach. Es ist der Weg auf dem Damm!

89 Den Damm hinunter und ***links***.

Abstecher Rheinmündung (2,5 km)

Wer dorthin möchte, hier auf dem Damm ***geradeaus*** weiter.

90 ***Rechts*** in die *Rohrstraße*, sie führt am Naturschutzgebiet Rheindelta vorbei.

131 **91** Vor dem Campingplatz ***links***, 200 Meter weiter ***links***.

92 Bei einer Sitzgruppe mit Trinkwasserbrunnen ***rechts*** und damit dem Radlerschild Rorschach nach.

93 ***Geradeaus*** halten und 100 Meter darauf ***halblinks***.

140 **94** ***Links*** ab, über eine überdachte Holzbrücke den Alten Rhein queren und wieder ***rechts***. Damit dem Radlerschild Rorschach folgen.

Abstecher Rheineck (0,5 km)

Wer das Städtchen besichtigen möchte, kann kurz darauf die Unterführung am Bahnhof nehmen.

km **95** ***Geradeaus*** und am Waldrand weiter.

96 Nach dem Campingplatz ***links***.

Zur Fortsetzung bitte umschlagen auf Seite 30.

Der Rhein

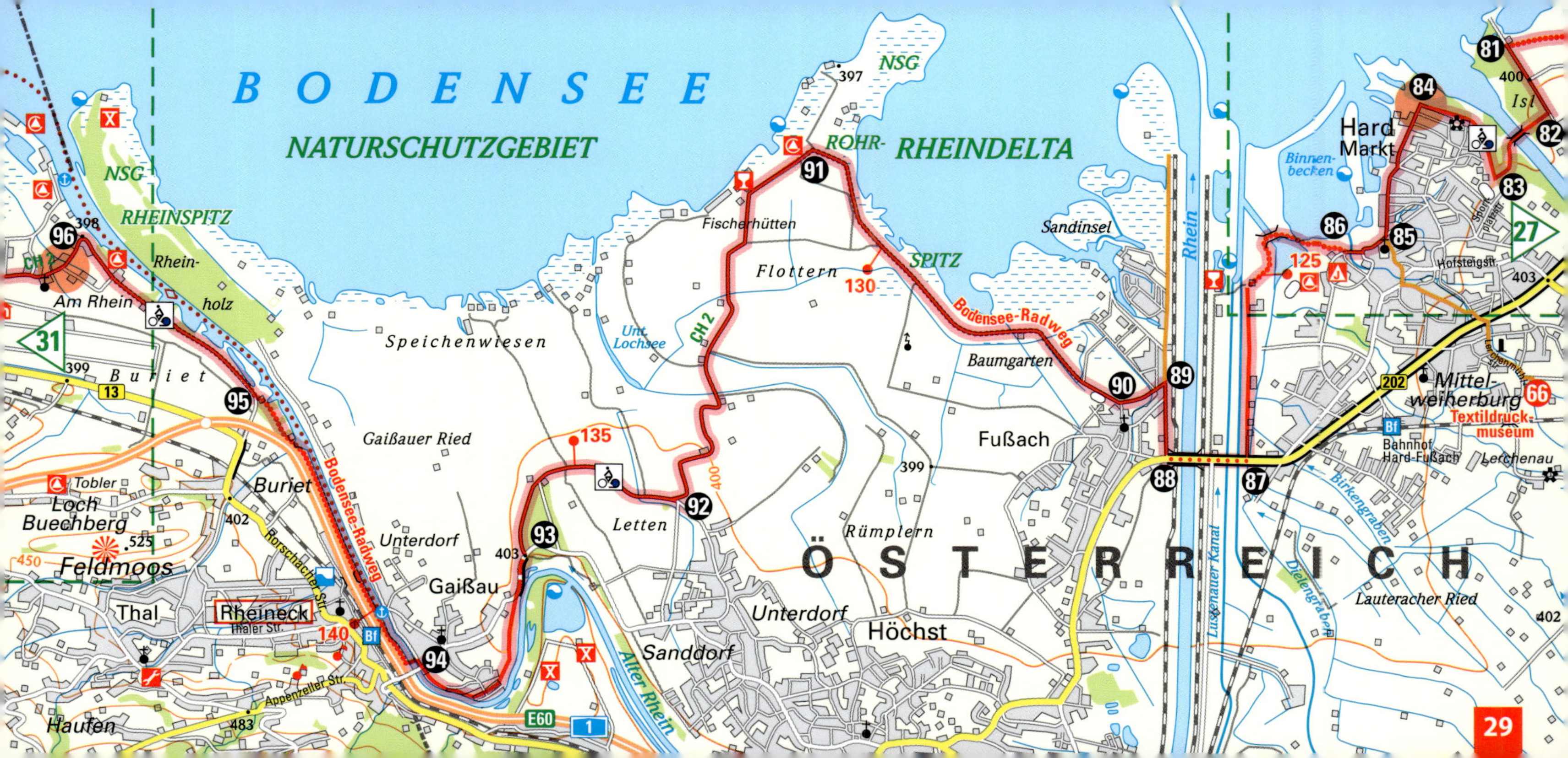
BODENSEE
NATURSCHUTZGEBIET
ROHR-
RHEINDELTA
SPITZ
NSG
RHEINSPITZ
Rhein-
holz
Fischerhütten
Flottern
Speichenwiesen
Unt. Lochsee
CH 2
Bodensee-Radweg
Sandinsel
Baumgarten
Fußach
Gaißauer Ried
Letten
Rümplern
ÖSTERREICH
Unterdorf
Gaißau
Höchst
Sanddorf
Alter Rhein
Rhein
Lustenauer Kanal
Am Rhein
Buriet
Loch
Buechberg
Feldmoos
Tobler
Thal
Rheineck
Thaler Str.
Rorschacher Str.
Appenzeller Str.
Haufen
Hard
Markt
Binnenbecken
Isl
Hofsteigstr.
Mittelweiherburg
Textildruckmuseum
Bahnhof Hard-Fußach
Lerchenau
Birkengraben
Dielengraben
Lauteracher Ried
E60
202
13
31
27
66

Wegbeschreibung

km
97 Wenn ein Flugzeug in einem Kreisverkehr zu sehen ist, ***rechts*** ab auf einen Wirtschaftsweg. Beim Kreisverkehr ist auch die 68 Hundertwasser-Markthalle (S. 78). Außerdem ist das 67 Fliegermuseum (S. 78) in der Nähe.

146
98 ***Rechts-Links-Kombination***. Dann die Durchgangsstraße queren und kurz darauf an der Bahntrasse weiter.

99 Die Bahntrasse queren und ***rechts***.

100 ***Links*** hoch und 150 Meter weiter nach ***rechts*** und damit abwärts.

101 Bahntrasse und Durchgangsstraße queren und am 69 Forum Würth (S. 79) vorbei weiter.

150
102 Am 70 Museum im Kornhaus (S. 79) vorbei und am Hafen von Rorschach weiter ***gerade-aus*** dem Radlerschild Kreuzlingen nach.

103 In Horn ***rechts*** ab und am Seeufer weiter.

104 ***Rechts*** ab dem Radlerschild Kreuzlingen Arbon folgen.

105 ***Rechts*** und 100 Meter weiter nochmals ***rechts***.

156
106 Am Hafen von Arbon weiter ***geradeaus*** dem Radlerschild Kreuzlingen folgen, das Schloss und das 71 Historische Museum im Schloss (S. 79) sind in Sichtweite und der Weg führt am 72 Saurer Museum (S. 80) vorbei.

107 Auf einem Parkplatz eine ***Links-Rechts-Kombination*** fahren.

Zur Fortsetzung bitte umschlagen auf Seite 33.

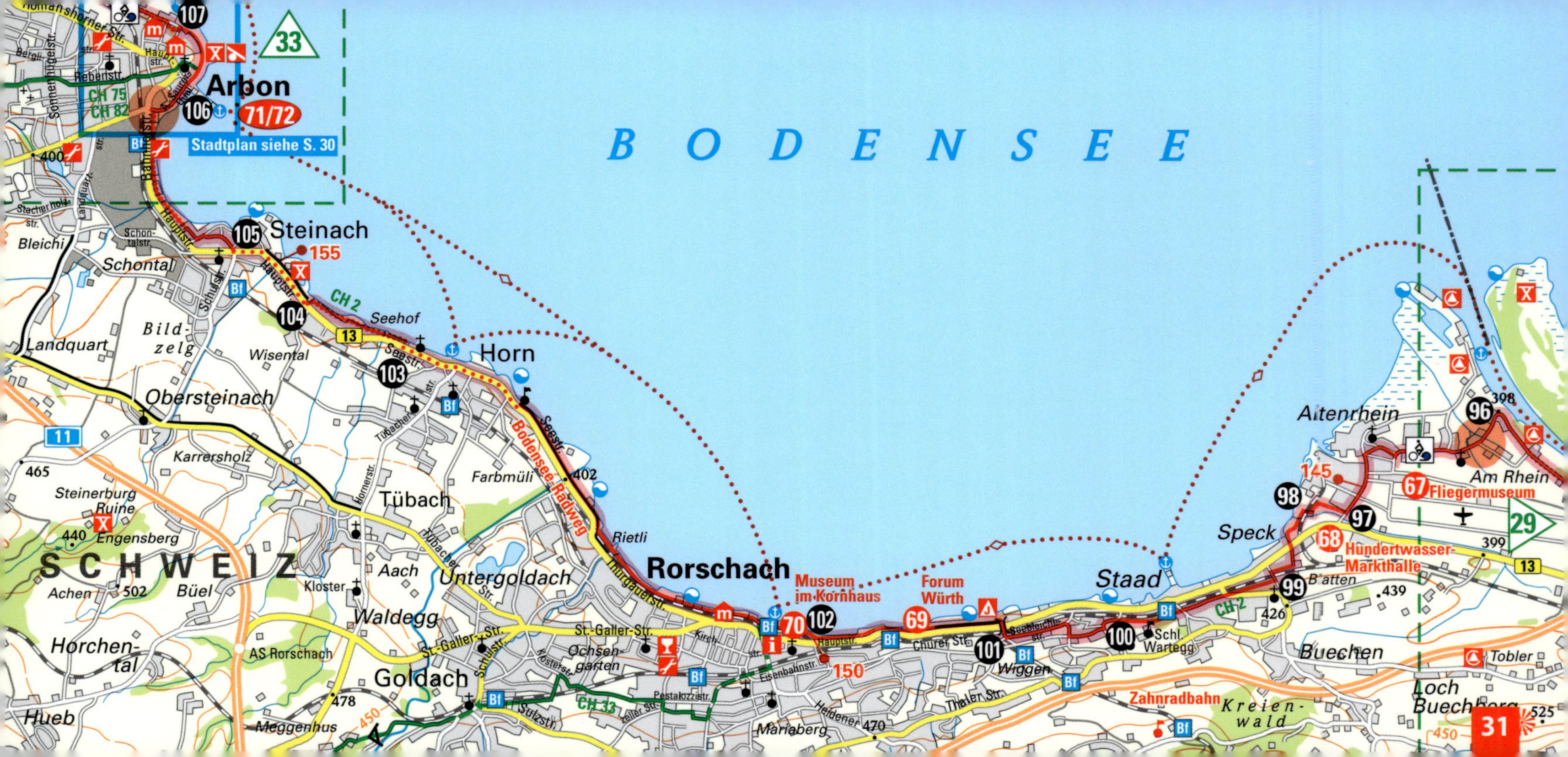
BODENSEE
Arbon
Stadtplan siehe S. 30
71/72
Steinach
Horn
Rorschach
Museum im Kornhaus
Forum Würth
Staad
Altenrhein
Speck
Am Rhein
Fliegermuseum
Hundertwasser-Markthalle
Bodensee-Radweg
SCHWEIZ
Tübach
Untergoldach
Goldach
Waldegg
Obersteinach
Landquart
Schontal
Bleichi
Bild-zelg
Wisental
Seehof
Farbmüli
Rietli
Karrersholz
Steinerburg Ruine
Engensberg
Achen
Büel
Kloster
Aach
Horchen-tal
Hueb
Meggenhus
AS Rorschach
Ochsen-garten
Mariaberg
Wiggen
Schl. Wartegg
Buechen
Tobler
Loch
Buechberg
Kreien-wald
Zahnradbahn
CH 2
CH 33
CH 75
CH 82
33
29

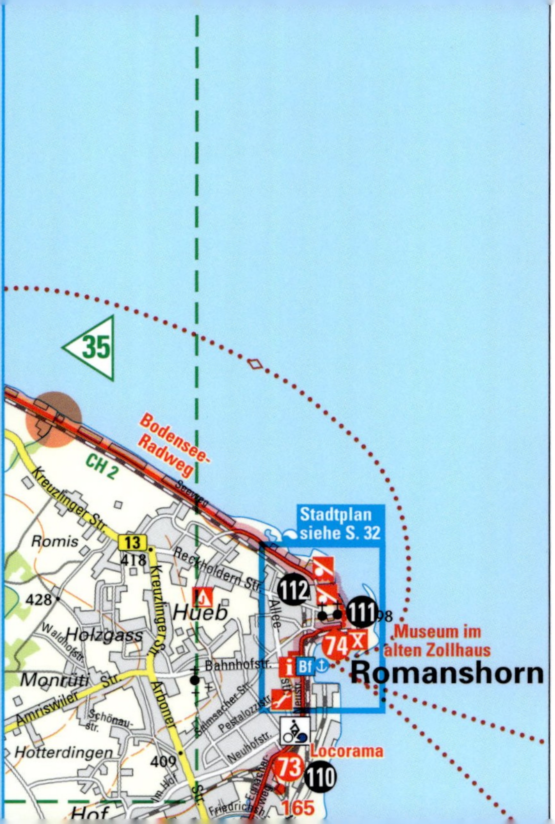

Wegbeschreibung

km

110 In Romanshorn am Bahnmuseum 73 Locorama (S.81) vorbei, auf Höhe des Bahnhofs auf der Autostraße ***geradeaus*** und kurz darauf ***rechts*** ab. Am Hafen gibt es das 74 Museum im alten Zollhaus (S.81).

166

111 ***Links*** ab und auf einem Schotterweg durch einen Park

112 Nach dem Park an einer Gabelung ***links*** und ***rechts*** auf der *Badstrasse* weiter.

Zur Fortsetzung bitte umschlagen auf Seite 35.

Locorama

Wegbeschreibung

km 108 Vor dem Eingang des Strandbads Arbon die Bahntrasse queren und ***rechts*** weiter.

164 109 In Egnach hinter dem Bahnhof ***links*** halten. Nach der Bahnunterführung ***rechts***.

Fortsetzung siehe oben Seite 32.

Blick auf Arbon

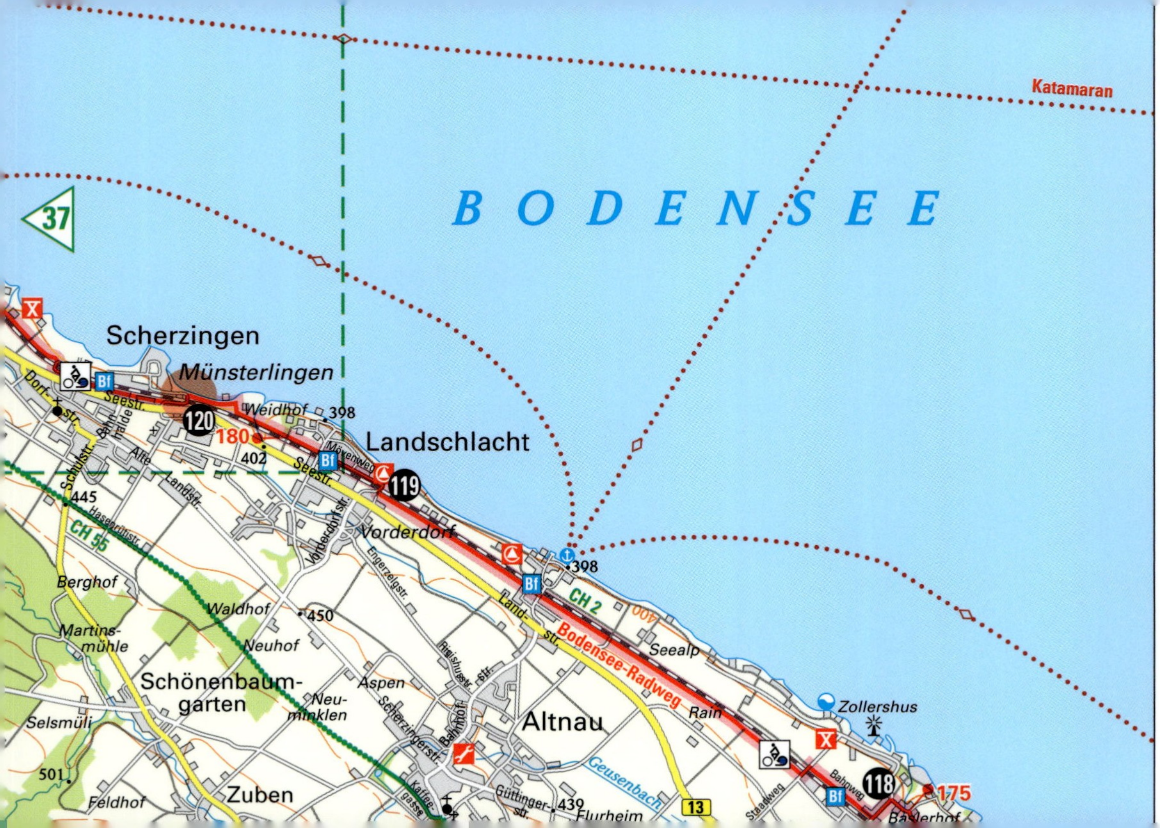

Wegbeschreibung

km

118 Auf der Höhe von Güttingen ***links*** und kurz darauf ***rechts***. Wenig später die Bahntrasse queren.

179

119 Die Bahntrasse nach ***rechts*** queren.

120 ***Links*** die Autostraße hoch, unter der Bahnbrücke hindurch und nach einem Parkplatz ***halbrechts*** in den *Dammweg*.

Zur Fortsetzung bitte umschlagen auf Seite 37.

Blick auf den Bodensee

Wegbeschreibung

km 171

113 In Uttwil ***rechts*** ab und am Seeufer weiter.

114 Nach Querung der Bahntrasse ***rechts***.

115 Die Bahnunterführung nehmen und ***links*** weiter.

116 ***Rechts*** ab und Seeufer entlang.

117 ***Links***.

Fortsetzung siehe oben Seite 34.

Blick auf den Damm von Uttwil

Wegbeschreibung

km **126** Im *Linksbogen* über die Bahnschienen in die *Freiestraße*, sofort ***rechts*** in die *Wiesenstraße*, die nächste ***rechts*** und den Bahnschienen nach ***links*** bis zum **Bahnhof** folgen.

Stadttour Konstanz mit
1 Hafen, **2** Imperia, **3** Bodensee-Naturmuseum, **4** Sea Life, **5** Rosgartenmuseum, **6** Jan-Hus-Museum, **7** Münster, **8** Städtischer Wessenberg-Galerie und **9** Stephanskirche (alle S. 54-57) siehe Seite 8.

Der Hafen von Konstanz

Wegbeschreibung

km

121 Beim Hafen nach ***links*** und einen Halbkreis fahren. Dann die *Seestraße* aufwärts und unter einer Fußgängerbrücke zwischen zwei Gebäuden hindurch.

122 Vor dem Bahnübergang ***rechts***.

185

123 Beim Campingplatz ***Rechts-Links-Kombination***.

124 ***Rechts*** ab und ***halblinks*** weiter. Wer 75 Seemuseum und Park (S. 81) besichtigen möchte, hier ***rechts*** zum See.

125 Am Bahnhof „Kreuzlingen Hafen" ***halbrechts***.

Abstecher zum 77 Puppenmuseum im Schloss Girsberg (S. 84) **(4 km)**

Am Bahnhof Hafen ***links*** in die *Pestalozzistr.*, nach 200 Metern ***halbrechts*** in die *Parkstr.*, an der Kreuzung ***geradeaus*** weiter und beim nächsten Kreisverkehr ***halbrechts*** in die *Unterseestr.*. Nach der Autobahnbrücke ***links*** in die *Girsbergstr.*.

Zum 76 Planetarium (S.81) auch so beginnen, aber von der *Unterseestr.* ***links*** ab in die *Bernrainstr.* und später ***links*** in die *Kuhbrunnenstr.*

Zur Tour um den Untersee bitte umschlagen auf Seite 38.

Wegbeschreibung

km **Sightseeing per Velo Konstanz**

(Sehenswürdigkeiten siehe auch S. 53-57)

Wer die Altstadt besichtigen möchte, bitte zunächst der Wegbeschreibung unten bis zum Abzweig ***links*** in die Straße *Marktstätte* folgen. Vorbei am 5 Rosgartenmuseum geht es ***links*** in die *Hussenstr*. zum 6 Jan-Hus-Museum. Zurück geht es über den Obermarkt bis zum 7 Münster und zur 8 Städtischen Wessenberg-Galerie. Von hier geht es entweder zurück zum Bodenseeradweg über Münsterplatz und *Theatergasse*, oder über die *Katzgasse* und die *Wallgutstraße* (dazwischen versetzt die *Untere Laube* queren) zur 9 Stephanskirche. Gleicher Weg zurück zum Münster und von dort zum Bodenseeradweg. Und zum 1 Hafen mit 2 Imperia sowie 3 Bodensee-Naturmuseum und 4 Sea Life geht es gegenüber der Straße *Marktstätte* durch die Unterführung.

U1 Am Bahnhof geht es nach ***rechts*** Richtung Norden. Die Straße *Bahnhofplatz* geht über in die *Konzilstraße*.

Tour um den Untersee

Wegbeschreibung

km

U2 Hinter der Linkskurve die Straße überqueren und auf dem Radweg weiter Richtung Norden und über die **Alte Rheinbrücke**.

U3 Auf der anderen Seite des Rhein ***links*** (parallel zur *Spanierstraße*). Auf der rechten Seite befindet sich das **10 Archäologischen Landesmuseum** (S.57).

U4 Am **Herosèpark** die *Bundesstraße 33* überqueren und ***halbrechts*** in die *St. Gebhardt-Straße*.

U5 ***Links*** in die *Bruder Klaus Straße*, den zweiten Weg ***rechts*** und vor der **Bahntrasse** links.

4

U6 Beim **Bahnhalt Fürstenberg** unter der Straße durch und weiter ***geradeaus***.

U7 Beim **Bahnhalt Reichenau** nach ***rechts*** über die Bahnschienen, die Autostraße queren und ***links*** auf dem Radweg parallel zu den Schienen weiter.

Das **U1 Wollmatinger Ried** (S. 82) ist hier im Uferbereich.

Zur Fortsetzung bitte umschlagen auf Seite 42.

Am Sportboothafen Mittelzell

Blick von der Hochwart Richtung Münster-Mittelzell

Wegbeschreibung

km

Abstecher Reichenau

Wer auf die Insel möchte, an der Kapelle ***geradeaus*** auf dem Radweg weiter. An der Allee über den 1,5 Kilometer langen Damm und auf der Insel an der U2 **Kirche St. Georg** ***rechts*** halten. Knapp einen Kilometer weiter führt die Straße in der Nähe des U3 **Münster** und des U4 **Museums Reichenau** vorbei und weiter zur U5 **Kirche St. Peter und Paul** (alle S. 83) an der nordwestlichen Spitze.

Von dort nach Süden und rund 200 Meter nach dem Campingplatz ***links***. Vor Schloss Königsegg ***links*** und danach ***rechts*** in die *Obere Rheinstraße*. 200 Meter weiter ***links*** in den *Moosweg*. Wenn er in einer T-Einmündung endet, ***rechts*** ab und 100 Meter weiter ***links*** in die Straße *In der Abtswiese* und bis zum Damm.

U8 ***Links*** in die *Stiegelengasse*, unter der Brücke durch und weiter ***geradeaus*** parallel zu den Schienen.

10

U9 Am **Bahnhalt Hegne** ***rechts*** und ***links*** halten. Wer das U6 **Kloster Hegne** (S. 86) besuchen möchte, in einem Rechtsbogen weiter bis zur Unterführung der *B33*.

U10 Am Ortsrand von Allensbach ***links*** in die Straße *Zum Strandbad*. Dann durch die Bahnunterführung und ***rechts*** weiter.

Wegbeschreibung

km

U11 An einem Aussichtspunkt und einer ersten Bahnüberführung ***geradeaus*** weiter.

12 U12 Am Bahnhof - dort ist das U7 Mühlenweg-Museum (S. 84) - die Gleise queren und ***links*** weiter auf der Durchgangsstraße.

U13 Vor der Kirche ***halblinks*** auf eine gepflasterte Nebenstraße.

U14 Die Durchgangsstraße vorsichtig queren und die gegenüberliegende Straße 50 Meter hoch. Dann ***links*** in die *Höhrenbergstraße*, die kurz darauf in die *Kopplerbergstraße* mündet.

14 U15 Am Ende der *Kopplerbergstraße* ***links*** abwärts bis zur Durchgangsstraße. Diese queren und auf dem Radweg ***rechts*** davon aus Allensbach hinaus fahren.

U16 Nach dem Campingplatz ***halblinks*** halten.

U17 Am Ortsrand von Markelfingen ***halblinks***. 100 Meter weiter ***links*** und weitere 50 Meter danach ***rechts*** in die *Gnadenstraße*.

20 U18 Nach den ersten Häusern von Radolfzell ***links*** dem Radlerschild Moos folgen.

U19 An der Durchgangsstraße ***rechts***.

U20 Hinter dem Kreisverkehr die Autostraße nach ***links*** queren und ***rechts*** auf dem Radweg in die Innenstadt.

km

Abstecher Innenstadt Radolfzell (0,5 km)

Wer die Innenstadt mit U8 Compurama, U9 Österreichischem Schlösschen, U10 Münster, U11 Rathaus, U12 Fasnachtsmuseum im Zunfthaus und U13 Stadtmuseum (alle S. 84-85) besichtigen möchte, muss an der Ecke Luisenplatz und *Scheffelstraße* ***rechts*** in die Straße *Obertor* abbiegen.

22 U21 Nach dem Queren der Bahntrasse scharf ***rechts*** und abwärts dem Radlerschild „Stein am Rhein" folgen.

Zur Fortsetzung bitte umschlagen auf Seite 44.

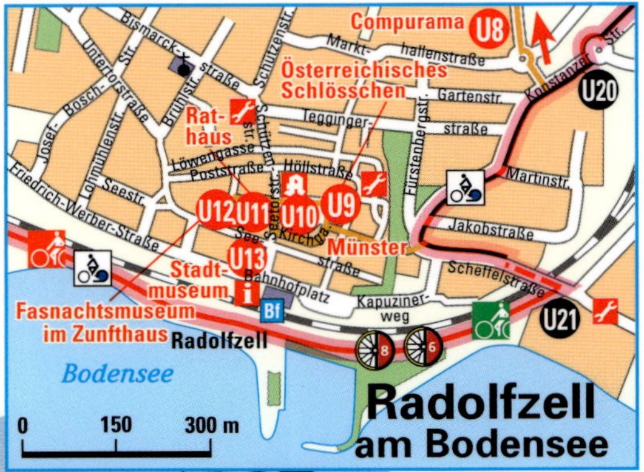

Bodenseeufer in Radolfzell

Böhringen
Am Kreuzbühl
Bodenseestr.
Böhringer Str.
Hasel-brunnstr.
Schützenstr.
Radolfzeller Str.
Buchhof
Stanzer Str.
Compurama
U8
U18
U19
U20
U21
U22
U9-U13
Radolfzell am Bodensee
Stadtplan siehe S. 42
Bf
NSG
Markelfinger Winkel
Markelfingen
U17
Bodensee Radweg
425
403
Wanderheim
U16
Mett-nau
NATUR-SCHUTZ-GEBIET
Mettnau
Scheffelschlössle
396
ZELLER SEE
NATUR-SCHUTZ-GEBIET
Seewiesen
U23
U24
U25
31
Strandweg
Iznanger Str.
Iznang
Höristr.
Schorengasse
Ried
Mösle
30
Weiler
Bankholzer Str.
44
25
395
20
15
413
407
Mindelsee
Krebsbach
Adernbach
Mühlbach
412
435
33
Hornhalde
453
Gemeinmerk
Wild- u. Freizeitpark Bodanrück
Homberg
488
Schlafbach
Lettenberg
466
Roßberg
466
Zellerholz
Bodanrück
Stöckenmühle
Stöckenhof
542
543
Freudental
489
436
Markelfinger Str.
Freudentaler Str.
Kaltbrunn
Fischerhs.
Allensbacher Str.
Schalmenried
U15
Radolfzeller Str.
Holzgasse
Kaltbrunner Str.
U14
U13
U12
U7
Mühlenweg-Museum
Allensbach
Konstanzer Str.
Strandweg
U10
U11
GNADEN-SEE
41
473
43

Wegbeschreibung

km

U22 ***Halblinks.***

U23 Vor dem Ortseingang von Moos ***links***.

U24 Auf Höhe des Hafens von Moos ***links*** ab dem Radlerschild Stein am Rhein nach.

29

U25 In Iznang zuerst ***geradeaus*** halten. Am Rathaus scharf ***links*** und dann ***halbrechts*** weiter.

Fortsetzung siehe unten Seite 45.

Die Altstadt von Radolfzell

Wegbeschreibung

U26 In Hornstaad bei der Einmündung ***halblinks*** abwärts.

U27 In Sichtweite des Restaurants Schlößli ***rechts*** ab in den *Strandweg*. 100 Meter weiter ***links***.

U28 Nach dem Campingplatz ***rechts*** und 100 Meer weiter an der Autostraße ***links***.

U29 In Gaienhofen in Sichtweite einer Kapelle ***links*** abwärts und auf der Durchgangsstraße weiter. Etwas oberhalb der Kapelle ist das **U14 Hesse Museum Gaienhofen** (S. 85).

U30 Auf Höhe von Schloss Gaienhofen ***rechts*** auf einen Radweg, der parallel zur Straße verläuft (wer das **U15 Museum Haus Dix Hemmenhofen** (S. 86) besuchen möchte kurz darauf ***rechts*** hoch).

Zur Fortsetzung bitte umschlagen auf Seite 46.

Wegbeschreibung

km

U31 In Wangen auf der Autostraße durch den Ort und am U16 Museum Fischerhaus (S. 86) vorbei.

U32 Nach einem Gasthof ***halblinks***.

42 U33 ***Links*** abwärts und damit dem Radlerschild Stein am Rhein folgen.

U34 ***Halbrechts*** in das *Froschengässle*.

U35 In Stein auf der Radspur der Durchgangsstraße weiter. Nach 400 Metern ***links*** Richtung Innenstadt.

U36 Der Durchgangsstraße folgend nach ***links*** in die *Rhigass*.

Abstecher Innenstadt Stein am Rhein

Wenn die Durchgangsstraße einen Linksknick macht, ***geradeaus*** weiter in die Straße Oberstadt und schon sieht man U18 Bemalte Bürgerhäuser, das U17 Krippenmuseum (S. 86-87) ist auch in der Innenstadt. Die U20 Burg Hohenklingen liegt hoch über der Altstadt auf einem Berg. Das U19 Kloster St. Georgen (S. 87) liegt direkt am Rhein etwas oberhalb der Brücke.

47 U37 Über die Rheinbrücke (links davon sind U21 Kirche und Kastell sowie weiter östlich U22 Insel Werd, S. 87-88). Dann auf der Autostraße weiter aufwärts. **Achtung**! Nun kommt eine Passage, bei der die Route über einen Kreisverkehr mit viel Verkehr und komplizierter Streckenführung für Radler führt. Deshalb folgende Empfehlung: 50 Meter nach der Rheinbrücke in Sichtweite eines Kreisels die Autostraße nach ***links*** queren. Dann auf dem Gehweg bergauf schieben. ***Links*** vom Kreisverkehr die *Eschenzerstraße* auf dem Zebrastreifen queren. Gegenüber geht es in die *Kaltenbacherstraße*. 100 Meter weiter nach dem queren der Bahntrasse ***links*** ab.

U38 In Eschenz in einer Wohnsiedlung ***links*** in den *Fuchsackerweg*.

49 U39 Die Durchgangsstraße queren und ***halblinks*** in die *Bahnhofstraße*. Am Ende des Bahnhofsgeländes 300 Meter weiter ***rechts*** auf einen Radweg.

U40 In Mammern die Gleise queren. Dann ***rechts*** und kurz darauf ***links***. An der Durchgangsstraße ***rechts*** und darauf weiter.

U41 Am Ortsrand von Mammern ***links*** auf den Radweg. Es geht parallel zur Bahntrasse weiter.

56 U42 Durch die Unterführung und auf dem Radweg parallel zur Autostraße weiter.

Zur Fortsetzung bitte umschlagen auf Seite 48.

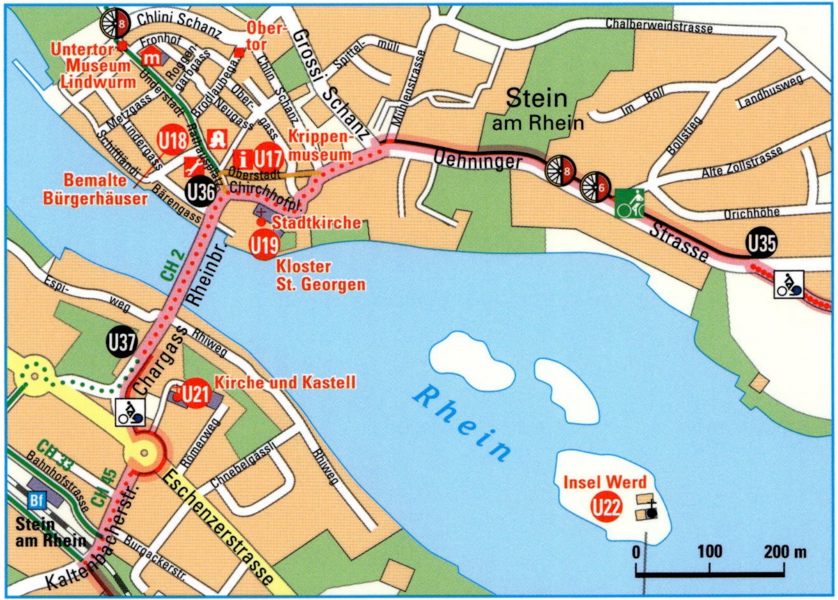

Abstecher zum Rheinfall bei Schaffhausen:

Für einen Abstecher zum Rheinfall bei Schaffhausen folgen Sie in **Stein am Rhein** ab der **Rheinbrücke** dem als **„D8"-Route** oder **„Rheintal-Radweg"** ausgeschilderten Weg. Als Rundtour (Stein a.R. - rechtsrheinisch Gailingen - Büsingen - Schaffhausen - Rheinfall - linksrheinisch Feuerthalen - Diessenhofen - Stein a.R.) beträgt die Streckenlänge ca. 36,5 km.

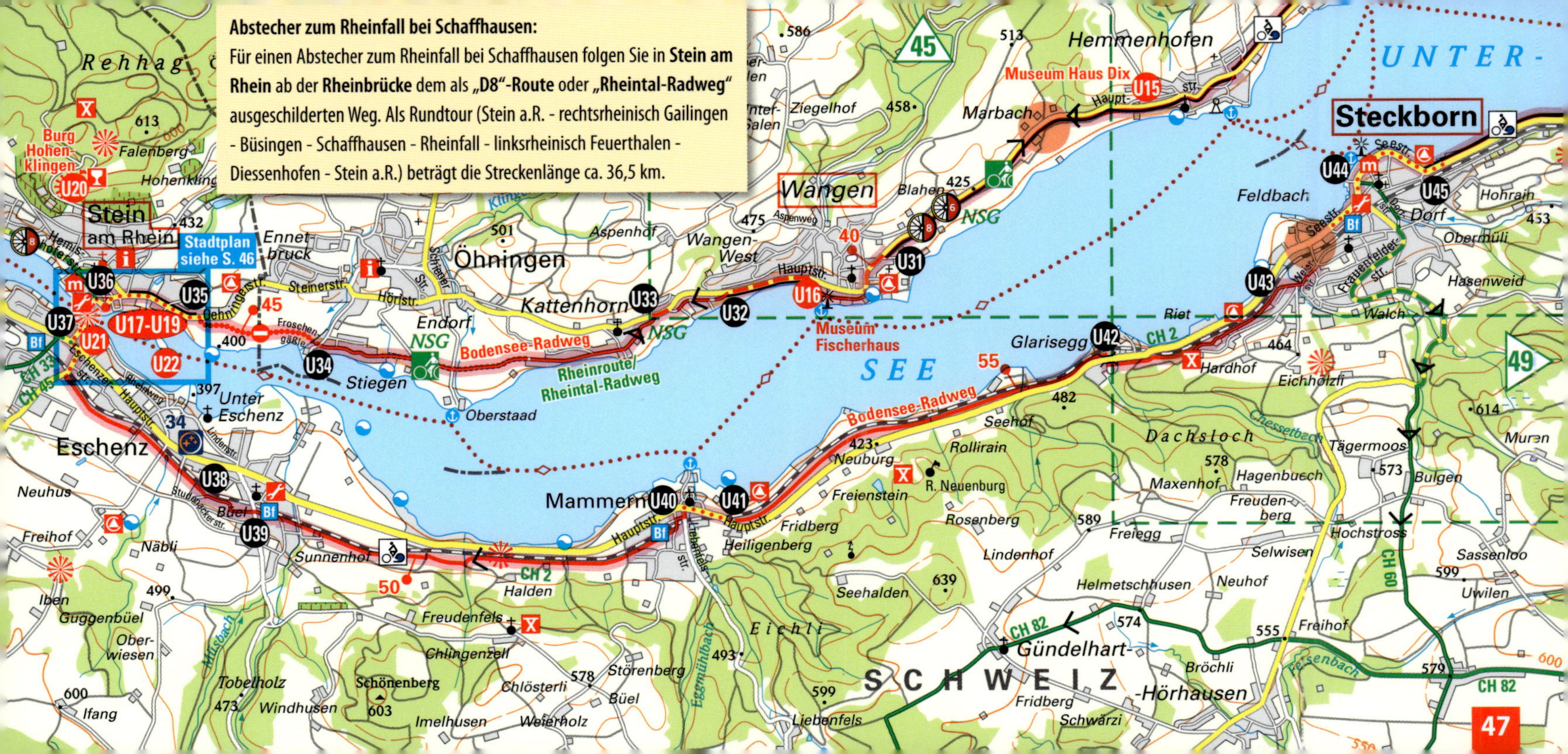

Wegbeschreibung

km

U43 ***Rechts*** und nach 300 Metern ***links***.

U44 In Steckborn am Kreisverkehr ***halblinks*** und auf der Durchgangsstraße durch den Ortskern.

59 U45 Am Ortsrand ***links*** auf den Radweg zwischen Ufer und Autostraße.

U46 Auf der Durchgangsstraße weiter durch Berlingen. Am Ortsrand wieder ***links*** auf einen Radweg.

U47 Nach dem Ort die Bahntrasse queren und ***links*** auf einen Radweg.

64 U48 In Salenstein nach ***links*** und die Gleise queren. 200 Meter weiter nach ***rechts*** die Gleise queren. Wer zum U23 **Napoleonmuseum Thurgau** (S. 88) möchte, hier Richtung Süden halten.

U49 Nach ***links*** über die Gleise.

U50 In Ermatingen ***rechts*** hoch.

U51 Die Durchgangsstraße queren und ***geradeaus***. Dann ***halbrechts*** in die *Hornstraße*. 100 Meter weiter ***rechts*** ab.

67 U52 Vor der Bahntrasse ***links***.

Zur Fortsetzung bitte umschlagen auf Seite 51.

Berlingen

Hornstaad
33
UNESCO-
Weltkulturerbe
Reichenau
Hochwart
Oberzell
Kirche St. Georg
U2
397
Schopflen
396
439
Mittelwasserstand 395,3 m über Normalnull (NN)
Reichenau
Balesheim
Guggenbühl
462
434
Gaienhofen
NSG
35
474
Solarfähre
U N T E R S E E
Museum
Haus Dix
U15
Hemmenhofen
Berlingen
Eschlibach
Mannenbach
65
Stad
Steckborn
Nächsthorn
Bodensee-
Radweg
Wis
Engi
Milzen-
riet
U48
U47
U46
U45
U44
U43
U49
U50
U51
U52
U23
398
CH 2
13
60
Jochental
Lochmüli
Herbig
Wartburg
Unter-
salenstein
Arenenberg
Napoleonmuseum
Thurgau
Ermatingen
51
Sandegg
Salenstein
Obermüli
Feldbach
Dorf
Hohrain
453
Eugensberg
Ober-
salenstein
Fruthwiler
401
Agerstenbach
47
Chapf
546
Wildbach
558
Waleste
Ulmberg
Neuguet
Zelglihof
Obermüli
Höfli
Hasenweid
Dietenhusen
Unter-
Fruthwilen
Lanterschwilen
Riet
Walch
606
Heretschwilen
Baholz
Ober-
Fruthwilen
Wolfsberg
S C H W E I Z
Hueb
Lerchhof
464
Hardhof
Eichhölzli
Haustross
635
716
CH 60
Unt.
Hörwilen
Eggishof
614
Salen- Reutenen
Renental
542
Ob. Hörwilen
522
Dachsloch
Chessetbach
Tägermoos
578
Maxenhof
Hagenbuech
573
Bulgen
Muren
721
685
Eigen
608
Heidenhus
Büren
16

Wegbeschreibung

km

U57 Wenige Meter nach dem **Grenzübergang** die *Grießeggstraße* queren und einen Radweg hochfahren. Der führt auf eine **Brücke** über die *Bundesstraße*, dann geht es am Rand der Innenstadt auf die *Gottlieberstraße*. ***Rechts*** in die Straße *Hussenstein*, am Ende ***links***, die nächste ***rechts*** und sofort wieder ***links*** in die *Döbelestraße*. Hinter dem Kreisel ***rechts*** über den großen Parkplatz. (Am Ende der *Döbelestraße* erreichen wir schräg rechts mit dem **Schnetztor** die **Innenstadt**.) Am Kreisel ***geradeaus***, am Ende der Straße ***rechts*** und direkt hinter der Grenze wieder ***links*** in die *Grenzstrasse*. Am Ende ***links*** in die *Wiesenstraße*, nächste ***rechts*** und nach ***links*** den Schienen bis zum Bahnhof folgen.

Die Route um den eigentlichen Bodensee beginnt hier, siehe Beginn der Wegbeschreibung (S. 8).

Wegbeschreibung

km 71

U53 Bei einem Bunker und dem Bahnhof Triboltingen ***Links-Rechts-Kombination***.

U54 ***Rechts*** hoch.

U55 ***Links*** auf den Radweg parallel zur Autostraße.

U56 ***halblinks***.

Imperia, Hafen Konstanz

Sehenswürdigkeiten am

Bodensee-Radweg

Bodenseepanorama

Haupt-Tour

Sightseeing per Velo – Konstanz

zu Kartenseite 8

Die größte Stadt am Bodensee (88.000 Einwohner) hat im Süden den Schweizer Nachbarn Kreuzlingen – eine Grenze ist oft nicht erkennbar. Die rund 400 Meter über dem Meeresspiegel liegende Altstadt wurde in Kriegen kaum beschädigt, denn wegen der Nähe zur Schweiz wurde die Stadt nicht bombardiert – womöglich wären auch in der Schweiz Bomben gefallen. Deshalb sind in den verwinkelten Gassen viele alte Gebäude erhalten. Zum Beispiel die **Niedernburg**, wo heute eine Narrengesellschaft residiert, und das **Rathaus** mit Fresken von 1864 an der Fassade, die Personen der Stadtgeschichte darstellen. Weiterhin interessant sind das **Schnetztor** (um 1900), der rund 700 Jahre alte **Rheintorturm** und der **Pulverturm**. Am **Münster** gibt es eine kleine Glaspyramide, dadurch kann ein kleiner Teil einer römischen Befestigungsanlage betrachtet werden. In der Nähe in der Marktstätte steht der 1897 eingeweihte Kaiserbrunnen. Ein weiterer Brunnen steht etwas versteckt, und zwar zwischen den Fahrspuren der Straße

Untere Laube: Mit dem **Konstanzer Triumphbogen** macht sich Bildhauer Peter Lenk über die Gesellschaft und den Autowahn lustig.

Westlich der Altstadt liegt der Stadtteil Paradies, ganze Straßenzüge wurden im **Jugendstil** erbaut. In dem Bereich der Altstadt siedelten im 2. Jh. v. Chr. Kelten, später wurde die Region von den Römern erobert. Benannt wurde die Stadt vermutlich nach einem römischen Kaiser namens Constantius - ob nach dem I. oder seinem Enkel, dem II., ist jedoch umstritten.

Wichtig für die Stadtgeschichte ist das **Konstanzer Konzil**, das ab 1414 vier Jahre dauerte. Die Stadt wurde wegen ihrer neutralen Lage gewählt, es ging nämlich vor allem um eine Auseinandersetzung zwischen Italienern und Franzosen. Hauptthema war die Beendigung des Abendländischen Schismas, eine Spaltung innerhalb der Kirche, die es von 1378 bis 1417 gab: Nach der Wahl des Italieners Urban VI. ernannte dieser 29 neue Kardinäle, das lehnten die bisherigen ab. Sie erklärten Urban für unfähig und wählten kurzerhand den Franzosen Clemens VII. zum neuen Papst. Die beiden Lager bekämpften sich sogar kriegerisch. Das Schisma wurde mit der Absetzung von Päpsten schließlich beendet. Weiter ging es beim Konzil um Reformen innerhalb der Kirche sowie der kirchlichen Verkündigung und Sakramentslehre, damit sollten die Ketzer bekämpft werden, die abweichende Ansichten zur Lehre hatten. Die Lehren der beiden Böhmen Jan Hus und Hieronymus von Prag wurden auf dem Konzil verurteilt. Beide waren anwesend, sie wurden als Ketzer festgenommen und verbrannt.

Rheintorturm Konstanz

Zu Hus gibt es in der Stadt ein Museum. Während des Konzils kamen 50.000 bis 70.000 Besucher in die Stadt, Folge war ein wirtschaftlicher Aufschwung.

Am zweiten Augustwochenende findet stets das **Konstanzer Seenachtfest** statt, Höhepunkt ist Samstagnacht das Seefeuerwerk.

1 Hafen

Wer für eine Stadtbesichtigung nur wenig Zeit hat, sollte zuerst den **Hafen** besichtigen. Bei gutem Wetter ist der Blick auf den See in Längsrichtung grandios, bei klarer Luft sind sogar die Alpen sichtbar. Richtung Süden stehen am Ufer viele riesige alte Villen. Die Archi-

„Imperia" grüßt am Konstanzer Hafen

tektur und die am Horizont scheinbar uferlose Wasserfläche machen den Eindruck, als wäre man am Meer in Italien. Im Hafen liegen viele Privatboote, von dort legen auch viele Fähren zu diversen Zielen ab, unter anderem zur Insel Mainau.

2 Imperia

Am Hafen steht seit 1993 eine wohlgeformte 18 Tonnen schwere und neun Meter hohe Dame – genauer gesagt: Eine Prostituierte oder Mätresse. In den Händen trägt sie zwei winzige Männlein, eines trägt die Reichskrone eines Kaisers, das andere eine päpstliche Tiara. Das Kunstwerk von Bildhauer Peter Lenk erinnert an das Konzil von Konstanz (1414 bis 1418), vielfältige Assoziationen sind möglich. Das Konzil sollte das damalige Durcheinander in der katholischen Kirche beenden – sie war gespalten, es gab Kriege und Gegenpäpste.

3 Bodensee-Naturmuseum

Gleich am Hafen liegt das Museum, es geht vor allem um die Entstehung des Sees, die Landschaft und die Lebensräume für Tiere und Pflanzen.

Bodensee-Naturmuseum, Hafenstr. 9, 78462 Konstanz, Tel. 07531/900-2915, www.konstanz.de/bodensee-naturmuseum, ÖZ Jan-Juli 10-17, August 10-18, Sept.-Dez. 10-17 Uhr.

4 Sea Life

Die Firma betreibt diverse Aquarien in Deutschland, die Niederlassung in Konstanz bietet über 3.000 Tiere in rund 30 großen Becken und Aquarien. Zu sehen sind unter anderem Pinguine, Riffhaie, Schildkröten und die riesige Kamtschatkakrabbe: Ihr Körper kann bis zu 30 cm Durchmesser haben, die Beine bis zu 2 Meter Spannweite.

Sea Life Konstanz, Hafenstr. 9, 78462 Konstanz, Tel. 0731/14611-5331, www.visitsealife.com/konstanz/, ÖZ ab 10 bis 17 Uhr, im August bis 18 Uhr.

5 Rosgartenmuseum

Dort wird ein Querschnitt durch die Geschichte, Kunst und Kultur des Bodenseegebietes und der Stadt Konstanz von der Steinzeit bis heute gezeigt. Der Historische Saal aus der Gründerzeit (1871) des Museums ist ein Schmuckstück, das Gebäude war ursprünglich Zunfthaus der Metzger.

Rosgartenmuseum, Rosgartenstraße 3-5, 78462 Konstanz, Tel. 07531/900-245, www.rosgartenmuseum.de, ÖZ Di-Fr 10-18 Uhr sowie Sa, So und Fei 10-17 Uhr.

6 Jan-Hus-Museum

Dem tschechischen Gelehrten **Jan Hus** ist das Haus gewidmet, Biografie, Lehre und Leidensweg des böhmischen Reformators sind Themen. Der Grund für ein Museum in der Stadt: Er hatte die Kirche kritisiert und musste seine Lehre vor dem Konstanzer Konzil verteidigen, wurde jedoch im Juli 1415 als Ketzer zum Tod auf dem Scheiterhaufen verurteilt.

Hus-Museum, Hussenstraße 64, 78462 Konstanz, ÖZ 1. April-30. Sept. Di-So 11-17 Uhr; 1. Oktober-31. März Di-So 11 -16 Uhr.

7 Münster

Die größte romanische Kirche in Südwestdeutschland auf einem rund sechs Meter hohem Hügel über der Wasseroberfläche des Sees hat eine wechselvolle Geschichte: Auf diesem errichtete das Bistum Konstanz (585/590 gegründet) eine Bischofskirche, von dort wurde die weitere Christianisierung geplant.

Das Konstanzer Münster

Ungefähr aus dem Jahr 1000 stammen einige oberirdische Bereiche des **Münsters**, es sind Reste, denn das Langhaus der dort gebauten Basilika stürzte 1052 ein. Flugs wurde mit einem Neubau begonnen und um 1100 mit dem Bau einer Doppelturmfassade. Doch auch dabei gab es ein Unglück: Ein vollendeter Turm stürzte ein, er wurde jedoch wieder aufgebaut. Der Bau zog sich hin – es gab noch einen größeren Brand – und erst 1378 standen beide Türme. Von 1414 bis 1418 tagte dort das **Konstanzer Konzil**. Es gab in den nächsten Jahrhunderten diverse Umbauten sowohl im Inneren als auch an der Fassade bis zur heutigen Form mit dem markanten Einzelturm (vollendet 1856). Sehenswert sind im Inneren vier vergoldete **Kupferscheiben**, die mindestens 700

Jahre alt sind. Die größte hat knapp zwei Meter Durchmesser und zeigt Christus, zwei kleinere je eine Persönlichkeit und die vierte einen Adler – das Symbol für den Evangelisten Johannes. Ein bedeutendes Kunstwerk ist eine Madonna am linken Chorpfeiler (um 1260). Die beiden Türen des Hauptportals sind vier Meter hoch und in je zehn Bildfelder unterteilt, die das Leben Jesu in 20 Stationen darstellen. Diese Holzschnitzereien entstanden 1470. Der 78 Meter hohe Turm kann an bestimmten Tagen bestiegen werden.
www.kath-konstanz.de/kirchen/muenster-unserer-lieben-frau/ Münsterplatz 1, 78462 Konstanz, Tel. 07531/90620

8 Städtische Wessenberg-Galerie

Schwerpunkt liegt auf der südwestdeutschen Kunst des 19. und 20. Jahrhunderts bzw. der Kunst des Bodenseeraumes und reicht bis in die Gegenwart hinein. In den historischen Ausstellungsräumen werden wechselweise eigene Bestände und Sonderausstellungen gezeigt, eine Dauerausstellung gibt es aufgrund Platzmangels nicht.
Städtische Wessenberg-Galerie, Wessenbergstraße 43, 78462 Konstanz, Tel. 07531/900-376, ÖZ Di-Fr 10-18 Uhr, Sa, So, Fei 10-17 Uhr

9 Stephanskirche

Sie wurde erstmals im Jahr 680 urkundlich erwähnt und lag ursprünglich außerhalb der ummauerten Stadt. Wie das Münster hat auch die **Stephanskirche** eine wechselvolle Geschichte mit Bränden und Umbauten. Wieso zwei solch große Kirchen in der Stadt? Die eine, das Münster, war bischöflicher Bereich, die andere Bürger- und Marktkirche. Sehenswert sind die Buntglasfenster (15. Jh.) sowie ein Zyklus mit Apostelbildern.

10 Archäologisches Landesmuseum

In der Dauerausstellung werden auf 3.000 Quadratmetern Funde und Erkenntnisse der Landesarchäologie in Baden-Württemberg präsentiert, unter anderem sind die Pfahlbauten der Jungsteinzeit Thema. Außerdem gibt es eine Abteilung zur Schifffahrt, in der ein mittelalterlicher rund 20 Meter langer Lastensegler gezeigt wird. Weiterhin geht es um die Methoden und Arbeitsweisen der Archäologie.
Archäologisches Landesmuseum Baden-Württemberg, Benediktinerplatz 5, 78467 Konstanz, Tel. 07531/9804-0, www.konstanz.alm-bw.de/, Di-So 10-18 Uhr.

11 Mainau

Deutlich über eine Million Tagesgäste besuchen jährlich die gut einen Kilometer lange und 600 Meter breite Insel – einen entsprechend großen Busparkplatz gibt es vor dem Eingangsbereich, wo der Eintritt kassiert wird. Fahrräder müssen draußen bleiben, für Gepäck können jedoch Schließfächer genutzt werden. Die Besucher wollen sich vor allem die üppige Vegetation der **„Blumeninsel"** ansehen. Wegen des günstigen Klimas wachsen dort auch Pflanzen aus den Tropen.
1856 wurden über 500 exotische Laub-und Nadelgehölze gepflanzt, dort stehen heute unter anderem riesige Mammutbäume. In einem Palmenhaus wird im Frühjahr eine **Orchideenschau** präsentiert und tausende Blumen blühen auf der Insel. Später sind es Rosen – rund 3.000 Stöcke von 500 Sorten. Im rund 1.000 Quadratmeter großen modernen **Schmetterlingshaus** flattern in tropischer Umgebung bis zu 80 Arten dieser Insekten umher. Außerdem gibt es ein Pfauengehege, einen Streichelzoo und die 1.100 Quadratmeter große **„Kinderland Wasserwelt"**. Jedes Jahr werden auf der Insel fünf von Studenten entworfene Saisonale Gärten realisiert.

Weitere Attraktion ist die schwedischstämmige **Adelsfamilie Bernadotte**, der die Insel gehört – allerdings ist die Chance, Familienmitglieder zu sehen, gering. Durch eine Erbschaft gelangte die Insel 1928 in den Besitz des schwedischen Königshauses, damals waren Gebäude und Park in sehr schlechtem Zustand. 1932 übertrug Prinz Wilhelm von Schweden die Verwaltung der Mainau seinem 23-jährigen Sohn Prinz Lennart Bernadotte. Wegen einer Heirat mit einer bürgerlichen Frau musste Lennart auf eine Thronfolge verzichten, die Insel wurde Heimat der Familie und der ehemalige Prinz machte sie gegen Eintritt für Besucher zugänglich.

Die „Blumeninsel" Mainau

Mainau war schon früh besiedelt, unter anderem vor rund 5.000 Jahren mit einer Pfahlbausiedlung. Vermutlich bauten dort auch die Römer ein Kastell samt Hafen. Schloss und Kirche entstanden im 18. Jahrhundert. Der Gärtnerturm westlich des Schlosses besteht aus Mauern, die früher Teil einer mittelalterlichen Befestigungsanlage waren. Darin ist Gastronomie untergebracht – und eine weitere Attraktion: Ein altes Fass mit 25.000 Litern Volumen. *www.mainau.de ÖZ: Insel Mainau von Sonnenauf- bis Untergang. Schlossboutique und Ausstellung im Schloss Mainau 10-17 Uhr; Schmetterlingshaus (Nr. 19) bis 20. März 10-17 Uhr, danach bis 19. Oktober 10-19 Uhr; Palmenhaus täglich 9 bis maximal 21 Uhr (nicht außerhalb der Parköffnungszeiten).*

Bodman

zu Kartenseite 12

Der ungewöhnliche Name entstand wie folgt: Im 9. Jahrhundert stand dort eine Pfalz der Karolinger, die Potamico genannt wurde. Daraus wurde Potamanns und bis zum 19. Jahrhundert Bodmann. Der örtliche Adlige Johann Franz von Bodman wollte eine Angleichung an seinen Namen, was das Staatsministerium 1884 genehmigte. Und deshalb verschwand ein „n". Das Adelsgeschlecht besitzt dort das **Schloss Bodman**, nur der Park darf besichtigt werden. Wie in Konstanz gibt es auch in Bodman **Skulpturen** des Bildhauers Peter Lenk (Kaiserpfalzstraße Richtung Ludwigshafen).

12 Kloster Frauenberg

Das Kloster Frauenberg war früher eine Burg und wird auch mal Schloss genannt. Der Graf stellt sie einer christlichen Gemeinschaft namens **Communitas Agnus Dei** zur Verfügung, die erst 1980 von Herbert Grundberger gegründet wurde. 12 Jahre später wurde er vom Konstanzer Amtsgericht wegen sexueller Übergriffe auf Kinder in seiner Gemeinschaft zu einer Gefängnisstrafe verurteilt. Bis heute wird die Gemeinschaft nicht von der katholischen Kirche anerkannt.

13 Ruine Altbodman

Gut 200 Meter über dem See stehen gut erhaltene Mauern einer um 1300 gebauten Burg, sie ist über einen Wanderweg erreichbar.

Ludwigshafen

zu Kartenseite 14

14 Kunstwerk „Ludwigs Erbe"

Die Route führt an diesem Triptychon – einem dreigeteilten Kunstwerk – von Peter Lenk vorbei, das Werk des Bildhauers ist am Rathaus zu sehen. Der Titel ist eine Anspielung auf Großherzog Ludwig von Baden, nach dem der Ort benannt ist. Zu sehen sind viele Personen des Zeitgeschehens, unter anderem nackte Politiker, die sich gegenseitig an die Geschlechtsorgane fassen – darunter die ehemaligen Kanzler **Angela Merkel** und **Gerhard Schröder**. Weiter zeigt Lenk bekannte Manager, die wie Dagobert Duck in Goldmünzen baden.

Der Narrenbrunnen in Ludwigshafen

Sipplingen zu Kartenseite 14

15 Hörspielkirche ✝

In Zusammenarbeit mit der Hörspielredaktion des SWR 2 wird das Programm erarbeitet, seit 2012 werden im Sommer täglich zu mehreren Uhrzeiten Hörspiele von Rundfunkanstalten per Lautsprecher vorgeführt. Mehr dazu und das Programm auf www.hoerspielkirche-sipplingen.de

16 Ausstellung zu Pfahlbauten

Seit 2011 steht Sipplingen-Osthafen zusammen mit weiteren 110 Pfahlbaustationen im Alpenraum auf der Liste des Welterbes. In der Sipplinger Bucht wurden bislang 20 solcher Dörfer entdeckt, von ungefähr 3919 v. Chr. bis 2855 v. Chr. lebten dort Menschen. Eine Dauerausstellung in der Tourist-Info zeigt viele vorgeschichtliche Gegenstände: Werkzeuge, Gebrauchsgegenstände und seltene Luxus- und Handelsgüter aus Stein und Keramik.

Tourist-Information Sipplingen, Seestraße 3, 78354 Sipplingen, Tel. 07551/94 9937-0, Öffnungszeiten siehe www.sipplingen.de

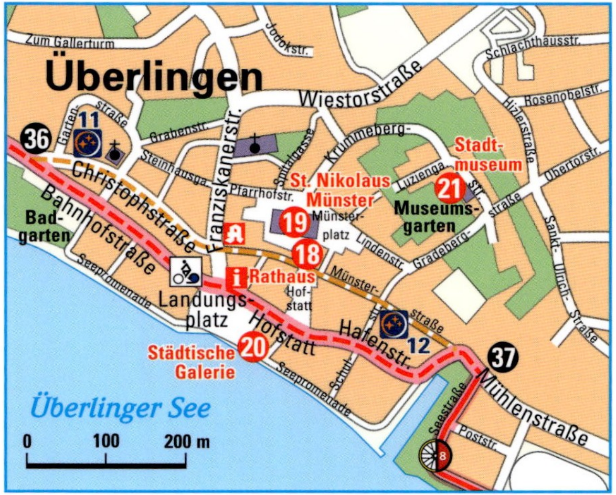

Überlingen zu Kartenseite 15

17 Stadtgarten

1875 wurde dieser Bereich angelegt, dort gedeihen botanisch interessante Pflanzen: Bis zu sechs Meter hohe Kakteen, Bananenstauden, Riesen-Lebensbaum, Taubenbaum, Strauchkastanie, Judasbaum, Flusszeder und mehr. Weiterhin gibt es einen **Rosengarten**, einen Aussichtspavillon auf einem Felssporn (von dort ist der Überlinger See gut sehen) und ein Rehgehege im Wald.

18 Rathaus

Der Stauferkaiser Friedrich I. Barbarossa verlieh der Siedlung 1180 das Marktrecht, Überlingen wurde eine wohlhabende Stadt. Bis zum 17. Jh. war Überlingen mit bis zu fünf Millionen Litern Wein pro Jahr der größte Produzent am Bodensee. Zeugnis für den Reichtum ist das neue Rathaus (1490) mit dem reich geschmückten Ratssaal und dem Pfennigturm. Der Neubau wurde an das alte Rathaus angesetzt.

Rathaus, Münsterstraße 15-17, 88662 Überlingen

19 St. Nikolaus Münster ✝

Das gotische fünfschiffige **Münster** wurde ab 1350 gebaut und 1576 vollendet. Der geschnitzte Hochaltar wurde ab 1613 vom ortsansässigen Bildhauer Jörg Zürn angefertigt, von ihm stammen zwei weitere Altäre im Gotteshaus. Der Altar ist mit 23 lebensgroßen sowie über 50 kleinen Figuren dekoriert. Wichtig sind im

Blick vom Stadtgarten auf Überlingen

Münster diverse Skulpturen, unter anderem den Bischof Nikolaus (um 1400). Der nicht öffentlich zugängliche Kirchenschatz gehört zu den bedeutendsten der Erzdiözese Freiburg.

20 Städtische Galerie

Die Städtische Galerie Überlingen präsentiert ganzjährig Ausstellungen regionaler und internationaler Kunst vom Mittelalter bis zur Gegenwart.

Städtische Galerie, Promenade / Landungsplatz, 88662 Überlingen am Bodensee, Tel. 07551/99-1074, www.staedtischegalerie.de, ÖZ: Di-Freitag 14-17 Uhr, Sa, So und Fei 11-17 Uhr.

Promenade am Überlinger Hafen

21 Städtisches Museum

Neben Ausstellungsstücken zur Geschichte des Ortes gibt es Besonderheiten: 55 **Puppenstuben** von Renaissance bis Jugendstil, Weihnachts- und Fastenkrippen, Überlinger Trachten und Narren sowie Kunstwerke aus dem Bodenseeraum – darunter auch Volkskunst. Untergebracht ist das Museum im ältesten sicher datierten **Renaissancepalast** Deutschlands, er wurde ab 1459 errichtet.

Städtisches Museum, Krummebergstr. 30, 88662 Überlingen, Tel. 07551/99-1079, www.museum-ueberlingen.de, ÖZ Di-Sa 9-12.30 und 14 bis 17 Uhr, zusätzlich vom 1. April bis einschließlich 31. Oktober So und Fei von 10-15 Uhr.

Uhldingen-Mühlhofen

zu Kartenseite 16-17

22 Wallfahrtskirche Birnau

Die Maria geweihte **Barockkirche** entstand ab 1746. Die vordere Fassade sollte parallel zum Seeufer stehen und dadurch weithin sichtbar über dem See thronen wie ein Bindeglied zwischen Gottes Schöpfung und dem Himmel. Das Ordensgebäude am Glockenturm ist ein Priorart einer Zisterzienserabtei untergebracht. Eigentlich waren Glockentürme beim Baustil des Ordens nicht vorgesehen. Weil er hier sozusagen aus dem Kirchenschiff ausgelagert ist, ging das mit den Regeln konform. Die Kirche hat keine Seitenschiffe und ist prachtvoll ausgestattet. 300 Meter entfernt liegt ein Friedhof für 97 **Konzentrationslager-Häftlinge**, die zusammen mit rund 700 weiteren westlich von Überlingen ein riesiges Stollensystem in weiches Gestein trieben. Dieses sollte den **Rüstungsbetrieben** Dornier, Zeppelin, ZF und Maybach aus Friedrichshafen Schutz bieten. Im Klosterladen (ÖZ täglich 9-18 Uhr) gibt es unter anderem Honig, Obstbrand, Senf, Postkarten, Kerzen und Rosenkränze.

Birnau Zisterzienser Priorat, Maurach 5, 88690 Uhldingen-Mühlhofen, Tel. 07556/92030,

Die Birnau

www.birnau.de, ÖZ Sommer 7.30-19 Uhr, im Winter nur bis 17 Uhr. Führungen sind Mo-Fr und Sa nachmittag möglich, Anmeldung unter Tel. 0 75 56 / 9 20 30 oder per E-Mail an fuehrungen@birnau.de.

23 Schloss Maurach

Es ist ein Tagungszentrum unter der Trägerschaft der L-Bank und des Zisterzienser-Priorats zu Birnau und nicht öffentlich zugänglich.

24 Pfahlbaumuseum

In 300 m Entfernung zum versunkenen UNESCO Welterbe Pfahlbauten befindet sich das Pfahlbaumuseum mit originalgetreuen **Nachbauten**. 27 Figuren sind unterschiedlich ausgestattet, damit werden die Handelsbeziehungen bis in die Bergwerke der Alpen und weiter nach Italien deutlich. Wie das Alltagsleben ausgesehen haben könnte, wird in Szenarien vor Augen dargestellt. Im Ausstellungsgebäude am Ufer sind hunderte Ausgrabungsfunde zu sehen und mittels eines Tauchaquariums wird deutlich gemacht, wie die archäologische Arbeit getan wird. Hintergrund: Am Bodensee sind inzwischen **über 100 Siedlungsstandorte**

Pfahlbaumuseum in Unteruhldingen

mit etwa 400 ehemaligen Siedlungen bekannt. Bevorzugt wurden Standorte mit guten Ackerböden an Kreuzungspunkten von Handelswegen. An allen größeren Voralpenseen gab es zwischen ca. 4300 v. Chr. und 800 v. Chr. Pfahlbauten.

Pfahlbaumuseum Unteruhldingen Bodensee, Freilichtmuseum und Forschungsinstitut, Strandpromenade 6, 88690 Uhldingen-Mühlhofen, Ortsteil Unteruhldingen, Tel. 07556/92890-0, www.pfahlbauten.de, ÖZ April-Sept. 9-18 Uhr; Okt. 9-17.30 Uhr; Nov. nur Sa und So 9-17.30 Uhr. Für Fahrradfahrer gibt es im Museum Schließfächer.

25 Reptilienhaus

Seit Jahrzehnten kümmern sich Renate und Peter Kisser um vom Zoll beschlagnahmte oder ausgesetzte Tiere. In Terrarien leben Schlangen, Echsen und Schildkröten möglichst so wie in ihren natürlichen Lebensräumen.

Reptilienhaus Unteruhldingen, Ehbachstraße 4, 88690 Uhldingen, Tel. 07556/929700; www.reptilienhaus.de, ÖZ April - Okt. 9.30 - 18 Uhr (letzter Einlass 17 Uhr, bei Hitze eventuell früher geschlossen), Nov. - März Sa, So und Fei 11 - 17 Uhr (letzter Einlass 16 Uhr)

26 Auto & Traktormuseum Bodensee

Über 150 Fahrzeuge aus der ganzen Welt sind ausgestellt, das erst 2013 eröffnete Museum zeigt die Geschichte der Motorisierung der Landwirtschaft von den ersten Traktoren um 1900 bis in die 60er und 70er Jahre. Zu sehen sind auch viele Autos und Motorräder. Dazu gibt es Werkstätten, einen alten Spielwarenladen und ein angrenzendes Restaurant.

Auto & Traktormuseum Bodensee, Gebhardsweiler 1, 88690 Uhldingen-Mühlhofen, Tel: 07556/928360; https://autoundtraktor.museum/
ÖZ 1. Mai bis 31. Okt. 10-17.30 Uhr

Meersburg

zu Kartenseite 17

27 Obertor

In der gut erhaltenen historischen Innenstadt stehen diverse Baudenkmäler, eine Besonderheit ist das um 1300 erbaute **Obertor**. Bereits für 1477 ist nachgewiesen, dass dort eine Uhr installiert war. Das ist ein Beleg für ein wachsendes bürgerliches Selbstbewusstsein, weil nicht mehr die Kirche die Tageseinteilung bestimmte. Kurz zuvor gab es Kämpfe gegen den geistlichen Stadtherrn.

28 Burg/Altes Schloss

Das Wahrzeichen der Stadt gilt als älteste bewohnte Burg (die Gründung soll im 7. Jh. erfolgt sein), der Rundgang führt die Besucher durch einen mittelalterlichen Wohntrakt, Rittersaal, Waffenhalle, Verlies, Kapellen, Wehrgänge, Folterkammer und Burggarten. Zum Museum gehören das Arbeits- und Sterbezimmer der Dichterin **Annette von Droste-Hülshoff.**

Von April bis November sind Turmbesteigungen möglich.

Burg Meersburg GmbH, Schlossplatz 10, 88709 Meersburg, www.burg-meersburg.de, Tel. 0 75 32 / 80 00 0, ÖZ 10-18.30 Uhr.

Das alte Schloss in Meersburg

Meersburg vom Bodensee aus gesehen: Im Zentrum die Burg, rechts davon das Neue Schloss

29 Neues Schloss

Die Fürstbischöfe von Konstanz ließen im 18. Jahrhundert das Neue Schloss zur Residenz ausbauen, dafür wurden berühmte Künstler wie Balthasar Neumann und Giuseppe Appiani engagiert. Die Belétage mit den Staatsappartements und Privaträumen beherbergt heute das Schlossmuseum. Die Wohn- und Lebenskultur der **Fürstbischöfe** wird mit Originalobjekten zu Jagd, Musik, Festen und dem damals weithin bekannten Naturalienkabinett dargestellt.

Neues Schloss Meersburg, Schlossplatz 12, 88709 Meersburg, www.neues-schloss-meersburg.de, Tel. 07532/8079410; ÖZ November bis 31. März Sa, So, Fei 12-17 Uhr, 1. April bis 3. November 9.30-18 Uhr.

30 Vineum Bodensee

Das ausgestellte **Türkenfass** ist ein Blickfang: Das Fassungsvermögen liegt bei 50.000 Litern und es ist reich verziert. Es war das Zehntgefäß der Deutschordenskommende Mainau. Gezeigt wird auch der Heilig-Geist-Torkel von 1607, der wohl älteste noch erhaltene Torkel des Bodenseegebietes; bis 1922 war dieser Baumkelter in Betrieb. Weiter sind Fassböden, ein alter Traubenwagen und Küferwerkzeuge ausgestellt.

Vineum Bodensee, Vorburggasse 11, www.vineum-bodensee.de 88709 Meersburg, Tel. 07532/440-260, ÖZ April bis Oktober Di-So und Fei 11-18 Uhr.

31 Droste-Museum

1843 ersteigerte die Dichterin Annette von Droste-Hülshoff (1797-1848) das Fürstenhäusle mit dazugehörigem Weinberg, in dem Gebäude ist seit 1922 das Museum untergebracht. Biedermeiermöbel, Bilder und Bücher der Droste und ihrer Familie, Originalhandschriften und persönliche Erinnerungsstücke sind ausgestellt. Auf der Homepage der Droste-Gesellschaft heißt es: „Eine Phase höchster poetischer Inspiration erlebte die Autorin im Winter 1841/42, den sie zu Besuch bei ihrer Schwester Jenny von Laßberg auf der Meersburg am Bodensee verbrachte." Die aus der Region um Münster stammende Dichterin ist vor allem wegen ihrer Novelle „Die Judenbuche" und Naturlyrik bekannt.

Droste-Museum, Fürstenhäusle, Stettener Straße 11, 88709 Meersburg, www.fuerstenhaeusle.de, ÖZ 1. Mai bis Ende Oktober täglich 10-17 Uhr.

32 Galerie Bodenseekreis

Im Roten Haus am Schlossplatz zeigt die Galerie Bodenseekreis in der Sommersaison Ausstellungen moderner und zeitgenössischer Kunst, dies vor allem aus der Region.

Galerie Bodenseekreis, Schlossplatz 13, 88709 Meersburg, Tel. 0 75 32/4 94 12 9,, www.bodenseekreis.de/bildung-kultur/kultur/galerie-bodenseekreis.html.

33 Zeppelinmuseum

Technisches und Künstlerisches, Originalbauteile von Luftschiffen wie Aluminiumträger, Gasdruckmesser, Höhenmesser sowie technische Einrichtungen und Gegenstände der Luftschifffahrt, Funkgeräte, Navigationstechnik, Bomben und anderes militärisches Gerät wird dort ausgestellt. Eine Besonderheit ist die einzige auf der Welt erhaltene Bombenabwurfzentrale des LZ 6.

Zeppelinmuseum, Schlossplatz 8, 88709 Meersburg, Tel. 07532/7909, www.zeppelinmuseum.eu, ÖZ März bis Ende Okt. 10-18 Uhr.

Hagnau

zu Kartenseite 19

34 Uferpark

Auf dem schön gestalteten Gelände ist einer der letzten erhaltenen **Baumtorkel** unter einem Dach geschützt ausgestellt. Mit diesem rund 300 Jahre alten Gerät aus dicken Eichenbalken wurden bis in die 50er Jahre Trauben gepresst.

35 Hagnauer Museum

Das Heimatmuseum in der ehemaligen Hofmeisterei des Klosters Weingarten präsentiert als Dauerausstellung Gegenstände zur Ortsgeschichte. Dabei geht es auch um die Eisprozessionen 1830, 1880 und 1963, bei denen der Bodensee komplett mit einer Eisschicht bedeckt war. Seit 1573 wird bei jeder **Seegfrörni** eine Büste des Heiligen Johannes wechselseitig von Hagnau über das Eis ins schweizerische Kloster Münsterlingen getragen und bei der nächsten Seegfrörni wieder zurück. Weiter wird Heinrich Hansjakob (1837-1916) vorgestellt, der Pfarrer aus dem Schwarzwald war Politiker, Volksschriftsteller und Gründer des Winzervereins – Hagnau ist ein Weindorf.

Hagnauer Museum, Im Hof 5, 88709 Hagnau, Tel. 07532/9139, www.hagnauer-museum.de, ÖZ in der Radlersaison Do 15.30-18 Uhr, So und Fei 14.30-17 Uhr.

Der Bodensee-Radweg führt unter dem Hagnauer Rathaus durch.

Immenstadt, Schloss Hersberg

Immenstaad

zu Kartenseite 19

37 Schloss Hersberg

Das Gebäude ist seit 1994 geistliches Haus der Pallottiner (kein Orden, sondern eine Gesellschaft apostolischen Lebens). Dort gibt es ein geistliches Angebot, ein Seniorenheim und Seminare.

36 Das Kleine Museum – Spielzeug aus zwei Jahrhunderten

Dort werden 50 **Puppenstuben**, Küchen und Kaufläden von 1830 bis 1920 sowie Puppen und Spielzeug von 1830 bis 1950 ausgestellt.

Das Kleine Museum, Neugartenstraße 20, 88709 Hagnau, Tel. 07532/99 91, www.puppen-und-spielzeugmuseum.de, ÖZ Ab 1. April bis 31. Okt. Mit und So 14-17 Uhr sowie auf Anfrage.

38 Heimatmuseum

Im Dachgeschoss des historischen Fachwerkhauses werden ein Eisenwarenladen, eine alte Küchen- und Wohnstubeneinrichtung sowie Exponate des Handwerks (z.B. Küfer-, Sattler- und Schusterwerkzeuge) und Möbel mit Kleinigkeiten des täglichen Lebens gezeigt. Vielerlei aus dem Alltag wie Puppenstuben, Taschenuhren und Schmuck sowie eine Pieta von 1780 versetzen den Besucher in zurückliegende Zeiten. Besonders erwähnenswert sind ausgestellten Turmuhren, Zeugnisse der Schmiedekunst und eine Sammlung von Ärzte-Instrumenten. Trachten und Kostüme aus der traditionellen Fasnacht gibt es ebenso zu sehen wie einige alte Fasnachtsplakate.

Heimatmuseum im Haus Montfort, Montfortstr. 13, 88090 Kippenhausen, Tel. 0171/2125842, ÖZ Ostern bis Ende Sept. Sa, So, Fei 12-14 und 18-20 Uhr.

39 Historisches Frachtschiff Lädine

Frachtschiffe segelten, ruderten oder stakten von einem Hafen zum anderen. Große 15 bis 30 Meter lange **Lastsegelschiffe**, die seit dem 15. Jh. den See befuhren, wurden Lädinen genannt und transportierten auch Passagiere. Sie transportierten bis zu 120 Tonnen Ladung. Am einzigen Mast hing ein Rahsegel. Heute gibt es auf dem Bodensee nur noch ein einziges Schiff dieser Art, die originalgetreu nachgebaute Lädine „St. Jodok". Heimathafen ist Immenstaad, von dort starten Rundfahrten.

Tel. 07551/916904, Weitere Infos auf www.laedine.de

FRIEDRICHSHAFEN
Bodensee
Friedrichshafen Stadt
Friedrichshafen Hafen
Stadtgarten
Schulmuseum
Schlosskirche
Schloss
Klangschiff
Rathaus
St.-Nikolaus
Zeppelin-Museum
Hafen
Moleturm
St.-Petrus-Canisius-Kirche
Franziskusplatz
Charlottenhof
Adenauerplatz
Buchhornplatz
Romanshorner Platz
Zeppelinstraße
Friedrichstraße
Karlstraße
Uferstraße
Klosterstraße
Schloßstraße
Werastraße
Olgastraße
Eckenerstraße
Paulinenstraße
Riedleparkstraße
Eugenstraße
Charlottenstraße
Hochstr.
Schmidstraße
Kapfstraße
Bismarckstraße
Möttelistraße
Schillerstraße
Oranienstr.
Ailinger Straße
Montfortstr.
Seestraße
Sandöschstraße
Josef-Mauch-Straße
Hofener Straße
Brühlpfad
Ernst-Lehmann-Straße
Wendelgardstraße
Katharinenstraße
Löwentaler Straße
Kleinebergstraße
Moltkestraße
Werderstraße
Wolfgangstraße
Sedanstraße
Schanzstraße
Eugen-Bolz-Str.
Wilhelmstraße
Goldschmiedstr.
adfc
Bf
0 80 160 m
19 40 41 42 43 44 45 51 52 53 54

Friedrichshafen .... zu Kartenseiten 20-21

Die Zeppelinstadt (63.000 Einwohner) hatte bereits 1847 einen Eisenbahnanschluss. Danach war der Zeppelinbau prägend, im Stadtpark gibt es dazu direkt an der Radroute einen Brunnen und ein Denkmal. Während des zweiten Weltkriegs gab es vier große Rüstungsbetriebe, es mussten rund 1.000 KZ-Häftlinge dort arbeiten. Auch heute gibt es dort viel Industrie: MTU (Antriebssysteme) und ZF (Getriebe) sind zwei davon.

40 Schloss

Ursprünglich war der 1654 erbaute Gebäudekomplex ein Kloster, das aber 1802 aufgelöst wurde und in den Besitz des Königreichs Württemberg überging. Unter König Wilhelm I. von Württemberg erfolgte in den Jahren 1823 bis 1830 nach den Plänen des damaligen Hofbaumeisters Giovanni Salucci der Umbau zur Sommerresidenz. 1944 wurde das Ensemble durch Brandbomben schwer beschädigt. Die drei Flügel brannten bis auf die Gewölbe des Erdgeschosses und die steinernen Außenmauern nieder, ab 1951 fand der Wiederaufbau statt. Heute wohnt dort Friedrich Herzog von Württemberg. Eine Innenbesichtigung ist nicht möglich.

41 Schlosskirche

Anders ist dies bei der ab 1695 erbauten Schlosskirche, sie ist zu bestimmten Zeiten öffentlich zugänglich. Auch sie wurde bei Luftangriffen teilweise zerstört und wiederaufgebaut. Die beiden 55 Meter hohen Kuppeltürme bestehen aus Rorschacher Sandstein. Stuckaturen (Wessobrunner Schule) sind innen zu sehen.

Friedrichshafen, Schloss-Steg in den See

Evangelisches Pfarramt, Schlosskirche 1, 88045 Friedrichshafen, Tel 07541/21308, www.schlosskirche-fn.de. ÖZ Anfang April bis November Mo-Do 9-18, Do 11-18 und Fr-So 9-18 Uhr.

42 Schulmuseum

Zu sehen sind drei historisch eingerichtete Klassenzimmer und alte Lehrmittelsammlungen wie z.B. Mikroskope, Tierpräparate, Herbarien, Projektoren und Musikinstrumente. Weiterhin geht es darum, ob Mädchen früher andere Dinge lernten als Jungen, wie Lehrer die Schüler behandelten, was sich in den Ranzen befand und was damals unterrichtet wurde.

Schulmuseum (beim Graf-Zeppelin-Haus), Friedrichstr. 14, 88045 Friedrichshafen, Tel. 07541/203-55610, www.schulmuseum.friedrichshafen.de ÖZ 1. Mai-31. Okt. Di-So und Fei 10-17 Uhr, 1. Nov.-30. April Di-So 14-17 Uhr.

43 Klangschiff

Auf der Höhe des Stadtparks liegt das Klangschiff „Im Augenblick" vor Anker, es wurde vom „Europakünstler" Helmut Lutz als **Botschafter für den Frieden** konstruiert. Die 40 Meter lange Stahl- und Holzkonstruktion vereint Darstellungen des Europa-Stiers sowie der Urania in sich. Darauf finden häufig Konzerte statt. Hintergrund: Beeinflusst vom Krieg auf dem Balkan wurde dieses Schiff als eine Art Botschafter für den Frieden gebaut. Im Sinne der Ostverbindung Europas machte das Schiff entlang der Donau Station in diversen Städten, zuletzt in Mohacs an der Grenze zu Serbien. Dort wurde eine riesige, hölzerne Träne mit der Aufschrift „Europa weint" über Bord geworfen.

44 Hafen

Der Hafen hat einige Besonderheiten zu bieten: Ein 22 Meter hoher **Aussichtsturm** an der Mole bietet einen guten Blick auf Stadt, Bodensee und Alpen. Mit dem **Hafenkran** aus der Mitte des 19. Jahrhunderts vor dem Medienhaus K 42 an der Uferpromenade wurden Waren von Schiff zu Eisenbahn umgeladen. Der gusseiserne Drehkran steht auf einem Sandsteinpodest, in das die starre, gusseiserne Kransäule eingelassen ist. Per Handkurbeln kann der Kran um seine Achse gedreht werden, über Kette wird der Ausleger betätigt. Friedrichshafen war nach dem Ausbau der „Schwäbischen Eisenbahn" Richtung Biberach und Ulm ab 1851 zunächst die einzige Eisenbahnstation am Bodensee.

45 Zeppelin-Museum

Im ehemaligen Hafenbahnhof ist die Hauptattraktion eine begehbare originalgetreue Rekonstruktion eines 33 Meter langen Teilstücks des LZ 129 Hindenburg. Weiter geht es im Museum um Navigation, Aerodynamik, Meteorologie und Leichtbau und es gibt eine Kunstabteilung unter anderem mit Werken von **Otto Dix** und Max Ackermann. Das Museum hat 4.000 Quadratmeter Ausstellungsfläche und beherbergt die weltgrößte Sammlung zur Luftschifffahrt.

Zeppelin-Museum in Friedrichshafen

Zeppelin Museum Friedrichshafen, Seestr. 22, 88045 Friedrichshafen, Tel. 07541/3801-25, www.zeppelin-museum.de, ÖZ Mai-Okt. 9-17 Uhr, Nov.-April Di-So 10-17 Uhr.

46 Dornier Museum

In diesem Luft- und Raumfahrtmuseum am Flughafen werden auf 5.000 Quadratmetern 400 Exponate gezeigt, darunter zwölf Originalflugzeuge, ein Hubschrauber, sieben 1:1 Exponate aus der Raumfahrt und 1:1 Nachbauten wie dem Dornier Merkur oder den Flugboot Wal N25. Dornier hatte am Bodensee 1929 das legendäre riesige **Flugboot Do X** gebaut, das Platz für 159 Passagiere hatte. Claude Dornier war Luftfahrt-Pionier, unter der Marke wurde auch mit der Do 31 der erste Senkrechtstarter gebaut.

Dornier Museum, Claude-Dornier-Platz 1, 88046 Friedrichshafen, Tel. 07541/4873600, www.dorniermuseum.de, ÖZ Mai-Okt. 9-17 Uhr, Nov.-April Di-So 10-17 Uhr.

47 Zeppelin NT und Flug

Über dem Bodensee sind oft Luftschiffe zu sehen, dabei handelt es sich um die ab 1997 gebauten Zeppelin NT. Es ist der einzige Luftschiff-Typ der Welt, der eine starre Innenstruktur hat. Was oft fälschlich „Zeppelin" genannt wird, sind so genannte Blimps: Luftschiffe, die sozusagen durch die Gasfüllung prall werden und ihre Form erhalten. Es ist möglich, in dem 75 Meter langen Zeppelin NT mitzufliegen, außerdem kann man die Werft besichtigen (Entfernung ungefähr drei Kilometer ab Hafen).

Deutsche Zeppelin-Reederei GmbH, Messestraße 132 (früher: Allmannsweilerstraße 132), 88046 Friedrichshafen, Tel. 07541/5900-0, www.zeppelin-nt.de, Werftbesichtigungen April-Okt. Di und Fr 16 Uhr (Dauer 45 Minuten, bis 14 Uhr anmelden).

Eriskirch

zu Kartenseite 22

48 Naturschutzzentrum

Im Bahnhof gibt es ein Naturschutzzentrum. Die Dauerausstellung bietet Einblicke in die Tier- und Pflanzenwelt des Sees, unter anderem kann man an einem dreidimensionalen Modell einen Blick in die Unterwasserlandschaft werfen. In einem **Aquarium** schwimmen Felchen, die Speisefische gibt es nur im See. Weiter gibt es Infos zum Eriskircher Ried, das Naturschutzgebiet liegt in der Nähe.

Naturschutzzentrum Eriskirch, Bahnhofstraße 24, 88097 Eriskirch, Tel. 0 75 41/8 18 88, www.naz-eriskirch.de, ÖZ 1. April -31. Okt. Di-Do 14-17 Uhr, Fr-So und Fei 10-13 und 14-17 Uhr.

Schloss Montfort in Langenargen

Langenargen

zu Kartenseite 23

49 Schloss Montfort

Die ungewöhnliche Architektur sollte dem „maurischen Stil" entsprechen, König Wilhelm I. von Württemberg ließ es als Lustschloss auf der kleinen Halbinsel bauen, starb jedoch drei Jahre vor der Fertigstellung 1867. Bereits 1873 wurde das Schloss verkauft, und zwar an Prinzessin Luise von Preußen, die dort bis zu ihrem Tod 1901 vor allem die Sommer verbrachte. Heute ist es im Besitz der Gemeinde Langenargen. Im Erdgeschoss ist ein Restaurant, im Obergeschoss ein Konzertsaal, und in den Räumen hängen Gemälde des 16. bis 18. Jahrhunderts.

Eine Turmbesteigung ist von Mitte März bis Ende Okt. täglich bei guter Sicht von 10-12 und von 14-17 Uhr möglich.

50 Hängebrücke über die Argen

Das ab 1896 errichtete Bauwerk ist die drittälteste Hängebrücke Deutschlands. Vier zwölf Meter hohe Pfeiler stützen die Tragkabel ab, beide Kabel bestehen aus sieben Litzen zu je 37 gewundenen Gussstahldrähten (259 Einzeldrähte), was rund 13 cm Durchmesser ergibt. Die Brücke ist insgesamt 72 Meter lang. Während des Zweiten Weltkriegs gingen dort Fliegerbomben nieder, die Kabel wurden beschädigt und mit Manschetten repariert, die auch heute noch sichtbar sind. Sie ist von der Konstruktion und Optik der 280 Meter langen Golden Gate Bridge von San Francisco ähnlich, die 40 Jahre jünger ist.

Kressbronn

zu Kartenseite 23

51 Museum im Schlössle

Mal kein Heimatmuseum: Im 1829 erbauten, in einem Park gelegenen Schlössle, sind 15 Modelle von Schiffen aus dem 18. Jh. zu sehen, die Ivan Trtanj nach Originalplänen in mühevoller Kleinarbeit gefertigt hat. Er ist Künstler und gelernter **Schiffsschmied**. Zu sehen sind Prunkschiffe von Adligen, die legendäre „Bounty" und der Bodensee-Lastsegler Segner.

Im Schlössle, Seestraße 20, 88079 Kressbronn am Bodensee, Tel. 07543 547460, www.historische-schiffsmodelle.com, ÖZ April-Okt. Di-So 10-12 und 15-18 Uhr.

Nonnenhorn

zu Kartenseite 23

52 Weintorkel

Die Radroute führt an dem Pressbalk vorbei, der mit rund 400 Zentnern Gewicht Trauben ausgequetscht haben soll. Die **Weinpresse** ist der älteste (1591) und größte Torkel der Bodenseeregion.

Wasserburg

zu Kartenseite 25

53 Museum im Malhaus

1597 haben die Fugger während ihrer Herrschaft in Wasserburg auf der Halbinsel das damalige Gerichts- und Amtshaus erbauen lassen. Seit 1979 ist dort ein Museum untergebracht. In der Dauerausstellung geht es um Fischer, Fische und Vögel am See, die Hexenverfolgung im 17. Jh. sowie die Kinder- und Jugendzeit von **Martin Walser**. Der berühmte Schriftsteller wurde im Ort als Sohn eines Gastwirts geboren und ist heute Ehrenbürger. Mit dem Roman „Ehen in Philipsburg" gelang ihm 1957 sein erster großer Erfolg.

Blick auf Wasserburg

Bekannt sind auch „Ein fliehendes Pferd" und „Mesmers Gedanken". „Tod eines Kritikers" aus dem Jahr 2002 wurde kontrovers diskutiert: In dem Schlüsselroman wird offensichtlich Literaturkritiker Marcel Reich-Ranicki negativ dargestellt.

Museum im Malhaus, Halbinselstraße 77, 88142 Wasserburg, Tel. 08382/750457, www.museum-im-malhaus.de, ÖZ April-Okt. Di-So 10.30-12.30 Uhr; Mi, Sa und So 14.30-17 Uhr.

Lindau

zu Kartenseiten 24-25

Die Insel ist an zwei Stellen mit dem Festland verbunden. Auf der westlichen Seite wurde eine Bahntrasse auf einem Damm gebaut, die zu einem verhältnismäßig großen Bahnhof führt. Ab 1856 hatte der neue Seehafen eine Bahnverbindung, es war eine wichtige Schnittstelle für Waren und Reisende – bereits damals kamen auch Touristen. Lindau bedeutet „mit Linden bestandene Insel" - nun ja, heute findet sich dort eine gut erhaltene Altstadt mit kleinen Gässchen und schönen Plätzen. Allerdings gibt es noch öffentliche Parkanlagen und einen „Gartenkulturpfad", der auch an prachtvollen Villen vorbeiführt. Ursprünglich war auf dem Festland ein Markt in günstiger Lage: Gegenüber der Mündung des Rheins, dessen Tal auch Zugang zu Oberitalien war, und an wichtigen Straßenverbindungen. Wegen kriegerischen Auseinandersetzungen wurde der Markt 1079 auf die Insel verlegt, dort entstand eine Kaufmannssiedlung. Wichtig waren stets die Handelsverbindungen nach Italien. Bereits im 14. Jh. gab es eine steinerne Brücke mit dem Festland – ein Beleg für den Reichtum. Und der fließt heute vor allem wegen der Besucher auf die Insel.

Die Hafeneinfahrt von Lindau mit Leuchtturm und Löwe

54 Seehafen

Die Hafeneinfahrt wird auf der einen Seite von einem 1856 erbauten Leuchtturm begrenzt, einer der wenigen mit Uhr in der Fassade. Auf der anderen Seite wacht eine sechs Meter hohe **Skulptur eines Löwen** – und zwar eines bayerischen, es ist das Wappentier. Der Hafen war die südwestliche Eingangspforte Bayerns. Den **Neuen Leuchtturm** kann man über 139 Stufen ersteigen – Öffnungszeiten je nach Nachfrage und Wetter.

55 Mangturm

Von 1180 bis 1300 war er als **Alter Leuchtturm** in Betrieb und gleichzeitig Ende der Stadtmauer. Der Name des 33 Meter hohen Turms stammt vom ehemals benachbarten Tuch- und Manghaus ab - die Mange oder Mangel ist die Glättmaschine der Färber. Er wird auch Mangturm genannt.

56 Peterskirche

Um 1000 entstand das von außen unscheinbare Gotteshaus und ist damit eine der ältesten Kirchen am Bodensee. Innen ist eine frühgotische Rötelzeichnung zu sehen, die den Heiligen Christophorus darstellt, sowie

Mangturm in Lindau

rechts daneben drei Streifen zu je sechs Bildern, die auf 1485-1490 datiert werden. Oben sind Szenen aus der Passion Christi erkennbar. Und im Chor ist das Fresco „Krönung Mariä" im Deckenbereich. Der Turm ist der älteste Teil der Kirche und diente auch zur Verteidigung.

57 Altes Rathaus

Das 1422 erbaute Gebäude erhielt rund 150 Jahre später einen imposanten Treppenaufgang. Die Glocken auf dem Dach sind rund 400 Jahre alt. Die prächtige Malerei auf der Fassade zeigt Szenen aus der Geschichte Lindaus, im Gebäude fand 1496 ein Reichstag statt. Um 11.45 Uhr ertönt dort täglich ein Glockenspiel - allerdings vom benachbarten Neuen Rathaus.

58 Stadtmuseum und Kunstsammlung im Haus Cavazzen

Das barocke Bürgerhaus von 1728 wurde mit plastischer Fassadenmalerei verziert. Dort befindet sich das Stadtmuseum, die bunt gemischte Sammlung umfasst die Bereiche Malerei, Plastik, Möbel, Kunsthandwerk, Design, Fotografie, Textilien. Archäologie und Graphik. Im beschaulichen Innenhof mit Brunnen gibt es ein Café.

Stadtmuseum Lindau, Marktplatz 6, 88131 Lindau im Bodensee, Tel. 08382/27756514, ÖZ in der Radlersaison Mo-So 10-18 Uhr.

59 Milchpilz

Am Ufer zum „Kleinen See" steht ein Kiosk mit pilzförmigen Dach. Die Firma Waldner aus dem Allgäu hatte sie in den 1950er Jahren entwickelt. Von ehemals über 50 sind nur noch fünf in Betrieb. Er steht etwas entfernt vom Ufer des „Kleinen Sees" bei der Sina-Kinkelin-Anlage bei einem Bootsverleih und Spielplatz.

Bregenz

zu Kartenseiten 26-27

Das Gebiet der heutigen Landeshauptstadt von Vorarlberg (29.000 Einwohner) war bereits vor 3.500 Jahren besiedelt. Um 15 v. Chr. eroberten die Römer das Gebiet und gründeten die Stadt Brigantium, es gab auch eine Kriegsflotte. Im heutigen evangelischen Friedhof sind Mauerreste der kaiserzeitlichen Thermen sichtbar. 1646 wurde Bregenz während des Dreißigjährigen Krieges von den vereinigten Heeren **Schwedens** und Frankreichs eingenommen, beim Abzug sprengten die Schweden die Burg. 1805 kam Bregenz zum Königreich Bayern, später war es Teil der Republik Deutschösterreich.

60 Pfänderbahn und Museum

Im Museum an der Talstation geht es um die Bereiche Natur, Unternehmen und Technik am 1064 hohen Pfänder, dem Hausberg von Bregenz. Die erste Personen-Seilbahn des Landes wurde dort 1927 eröffnet. Vom Pfänder aus hat man bei entsprechendem Wetter einen sehr guten Blick auf den Bodensee und das **Alpenpanorama**. Oben gibt es ein Restaurant, einen Wildpark, Wanderwege und eine Adlerwarte. Ab der Bergstation gibt es Radwege, man kann von dort auch wieder nach Bregenz fahren. Fahrräder werden während der gesamten Betriebszeit befördert, von 8 bis 10 Uhr gratis. Auf **www.pfaenderbahn.at/de/erlebnis/radfahren** kann man sich eine zweiseitige Broschüre mit Radstrecken herunterladen.

Pfänderbahn AG, Steinbruchgasse 4, AT 6900 Bregenz, www.pfaenderbahn.at, Betriebszeiten 8 bis 19 Uhr mindestens jeweils zur vollen und halben Stunde, bei Bedarf werden alle sechs Minuten 80 Personen befördert.

61 Kunsthaus

Im aus Stahl, Glas und Beton gestalteten Kubus werden dazu passende Ausstellungen gezeigt – moderne Kunst, und zwar im Wechsel.

Kunsthaus Bregenz, Karl-Tizian-Platz, AT 6900 Bregenz, Tel. +43-5574/485 94-0, www.kunsthaus-bregenz.at, ÖZ Di-So 10-18 und Do bis 21 Uhr; 19. Juli-31. Aug. bis 20 Uhr, Do bis 21 Uhr.

62 Vorarlberg Museum

„Verstehen wer wir sind" ist das Motto des Landesmuseums. Im Depot lagern 160.000 Objekte aus den Bereichen Archäologie, Kunst, Volkskunde und Geschichte, darüber gibt es unterschiedliche Ausstellungen. Hinzu kommt ein vielfältiges Programm auch mit Workshops und Theater.

Vorarlberg Museum, Kornmarktplatz 1, AT 6900 Bregenz, Tel. +43 (0)5574 46050, www.vorarlbergmuseum.at, ÖZ Di-So 10-18 und Do bis 20 Uhr; 19. Juli-31. Aug. bis 19 Uhr, Do bis 20 Uhr; 1. Juli-31. Aug. auch Mo geöffnet 10-20 Uhr.

0 110 220 m
Bodensee
Bregenz
Strandbad
Strandweg
Seebühne Bregenz
64
Festspielhaus
Hallenbad
80
79
Bregenz Bf
Bregenz-Hafen Bf
Kunsthaus
61
Voralberg Museum
62
Kornmarktplatz
60
Pfänderbahn und Museum
65
Kloster Mehrerau
63
Martinsturm
Römervilla
Thurn- und Taxis-Park
Seepromenade
Reichsstraße
Seestraße
Schweizer Str.
Montfortstraße
Bahnhofstraße
Rheinstraße
Römerstraße
Mehrerauerstraße
Mehrerauer Straße
Meinradgasse
Druckergasse
Bodangasse
Sägergasse
Stockachgasse
Beergasse
Baggässele
Reutegasse
Rummergasse
Geserstraße
Ankergasse
Vorklostergasse
Fritzstraße
Bachgasse
Brotswaldengasse
Merbodgasse
Diedogasse
Ilgagasse
Quellenstraße
In der Braike
Wuhrbaumweg
Auf der Matte
Max-Haller-Straße
Badbahnhgasse
Klostergasse
Augasse
Wolfeggstraße
Ölrainstraße
Drususgasse
Thelussstr.
Blumenstraße
Gallusstraße
Kapuzinergasse
Kolumbanstraße
Kirchstraße
Thalbachgasse
Amtstorstraße
Mildenbergstraße
Berg-Isel-W.
Eponastr.
Am Brand
Kolpingplatz
Belrupt-straße
Deuringstraße
Maurachgasse
Römerstr.
Sankt-Anna-Straße
Algasse
Neugasse
Jahnstraße
Kaiserstraße
Inselstr.
Rathausstraße
Färbergasse
Anton-Schneider-Straße
Eichholzstraße
Branggasse
Schillerstraße
Bergstraße
Scheffelstraße
Am Steinenbach
Michl-Felder-Straße
Ebnergasse
Scheibenstraße
Weißenreutweg
Stadtsteig
Bahnhofstr.

63 Martinsturm

Das Wahrzeichen der Stadt wurde mehrfach umgebaut, zuerst stand dort um 1250 ein Speicher. 1599 bis 1601 erhöhte der Baumeister Benedetto Prato aus Roveredo (Graubünden) auf Wunsch der Stadt das Gebäude, es entstand ein Turm mit Holzkuppel. Über Jahrhunderte hatte dort ein **Turmwächter** Dienst, der vor allem bei Feuer warnen sollte. Im Turm werden Ausstellungen gezeigt und es sind gotische Fresken zu sehen, die wahrscheinlich im 14. Jh. von schwäbischen Handwerkern geschaffen wurden.

Oberstadt, www.martinsturmbregenz.at,
ÖZ Mai-Oktober Di-So 10-18 Uhr.

64 Festspielhaus und Seebühne

Mit „Ein Quantum Trost" wurde die Seebühne 2008 weltberühmt: **James Bond** (Daniel Craig) machte in dem Film dort Jagd auf Verbrecher. Das Festspielhaus ist ein Kongress- und Veranstaltungszentrum, auf der Seebühne findet ein vielfältiges Programm statt – unter anderem die Bregenzer Festspiele im Sommer. Die Seebühne ist die größte der Welt, rund 7.000 Besucher haben Sitzplätze. Um auch unter freiem Himmel eine

Die Seebühne in Bregenz

gute Akustik zu haben, werden 800 Lautsprecher und eine spezielle Raumsimulation genutzt.
Bregenzer Festspiele GmbH,
Platz der Wiener Symphoniker 1, 6900 Bregenz,
Tel. +43(0) 5574 407-6, www.bregenzerfestspiele.com

65 Kloster Mehrerau

Ursprünglich wurde das Kloster 1097 durch Benediktinermönche aus Konstanz gegründet, seit 1854 leben dort Mönche der Zisterzienserabtei. Als „Mönch auf Zeit" kann man in einem Gästezimmer des Klosters wohnen sowie mit den Mönchen arbeiten und beten.
Zisterzienserabtei Wettingen-Mehrerau,
Mehrerauerstr. 66, AT 6900 Bregenz, www.mehrerau.at,
Gottesdienste Mo-Sa 6.30 Uhr, 7.15 Uhr und Vesper um 18 Uhr, Sonntag 7 und 10 Uhr sowie Vesper um 18 Uhr.
Führungen nur nach Anfrage unter Tel. +43 5574 / 71 461

Hard

zu Kartenseite 29

66 Textildruckmuseum

In dem um 1570 erbauten Wasserschlösschen Mittelweiherburg wurden seit 1794 Stoffe bedruckt. Das Museum beschränkt sich nicht auf Ausstellungsstücke und Tech-

Kloster Mehrerau

niken des Formstechens und Druckens, es hat ein umfangreiches und ungewöhnliches Konzept: Es geht auch um **gesellschaftspolitische Veränderungen**, Macht und Reichtum, Löhne, Kinderarbeit und die trentische Arbeitszuwanderung des späten 19. Jahrhunderts samt Konflikten mit der einheimischen Bevölkerung. Weiter wird der erste große ökologische Konflikt in der Region dargestellt und die folgende Entlassung von 150 Arbeitern.
Mittelweiherburg, Tel. +43(0)5574/697629,
www.hard.at/de/textildruckmuseum-mittelweiherburg/,
ÖZ April-Oktober Mi und Sa 17-19 Uhr, So und Fei 10-12 Uhr (Termin nach Voranmeldung jederzeit)

Altenrhein

zu Kartenseite 31

67 Fliegermuseum

Ein gutes Dutzend alter Flugzeuge wird bei dem Flugplatz präsentiert. Darunter sind Exemplare des Schweizer Herstellers Pilatus. Besonderheit ist eine Republic RC-3 Seabee, ein amphibisches Kleinflugzeug in Ganzmetallbauweise. Weiter sind alte Objekte zu sehen und es werden Filme gezeigt, zum Beispiel über die DO-X. Das in Altenrhein gebaute Flugzeug war zu seiner Zeit das größte der Welt.
Fliegermuseum, Flughafenstrasse, CH-9423 Altenrhein,
Tel. +41 (0)71 850 90 40, www.fliegermuseum.ch,
ÖZ Museum Sa und So 13.30-17 Uhr.
Führungen ganzjährig nur nach Vereinbarung

Staad

zu Kartenseite 31

68 Hundertwasser-Markthalle

Nach einer Idee und mit dem Konzept des Künstlers **Friedensreich Hundertwasser** entstand dieses Bauwerk mit geschwungenen Formen, vergoldeten Türmchen, bunten Wänden und Säulen sowie ungleichen Fenstern. Darin ist unter anderem ein Restaurant sowie eine Galerie mit Werken des Künstlers untergebracht.

Hundertwasser-Markthalle in Staad

Hundertwasser-Markthalle, Knotternstrasse 2, CH 9422 Staad, www.markthalle-altenrhein.ch, ÖZ 1. Mai bis 30. Juni 12-16 Uhr, 1. Juli bis 31. Oktober 10-12 und 13.30-17.30 Uhr.

Rorschach zu Kartenseite 31

69 Forum Würth

Reinhold Würth ist Vorsitzender des Stiftungsaufsichtsrats der Würth-Gruppe, ein Familienunternehmen mit heute über 400 Gesellschaften in über 80 Ländern. Die von ihm aufgebaute Sammlung Würth umfasst rund 16.000 Kunstwerke. Sie wird in vier Museen in Deutschland sowie in zehn Kunstdependancen an den Unternehmenssitzen der internationalen Gesellschaften gezeigt, das Konzept ist **„Kunst am Arbeitsplatz"**. Im Gebäude ist moderne Kunst zu sehen und im Außenbereich stehen frei zugängliche Skulpturen wie der „Bär" oder „Large Bull Totem" von **Niki de Saint Phalle**. Im Gebäude gibt es einen Kunstshop.
Forum Würth, Churerstrasse 10, CH-9400 Rorschach, Tel. +41 (0)71 225 10 00, www.wuerth-haus-rorschach.ch, ÖZ 1. April-30. September 10-18 Uhr; 1. Okt.-31. März 11-17 Uhr (dann montags geschlossen)

70 Museum im Kornhaus

In diesem Museum geht es um das Vermitteln von naturkundlichen und lokalpolitischen Themen, es ist besonders für Kinder geeignet. Über 50 interaktive Studienplätze bieten Erfahrungen zu Optik-Illusion, „Mathe-Magie" sowie Schriften und Kommunikation. Dies alles ist unterhaltsam auf technischen, physikalischen und optischen Phänomenen aufgebaut. Dazu gibt es Sonderausstellungen.
Museum im Kornhaus, Hafenplatz 2 (Hauptstrasse 58), CH-9400 Rorschach, www.museum-rorschach.ch, Tel. +41 (0)71 841 40 62, ÖZ Mitte April - Ende Okt. 13-17 Uhr.

Arbon zu Kartenseite 30

71 Historisches Museum im Schloss

Dort stand ein römisches Kastell. 610 ließen sich irische Mönche in Arbon nieder, 720 entstand die erste Burganlage. Der Bergfried aus dem Jahr 933 ist am grauen Gemäuer zu erkennen. Als größtes privates Museum im Thurgau zeigt die Dauerausstellung eine aussagekräftig und kurzweilig gestaltete Zeitreise durch Arbons 5.500-jährige Geschichte. Jungsteinzeit, Bronze-, Römerzeit, Mittelalter, Leinwandhandel im 18. Jahrhundert und Industrialisierung im 19. und 20. Jahrhundert werden mit Exponaten, in Bildern, Dokumenten und Kurztexten gegenwärtig. Vom Schlossturm hat man außerdem eine schöne Aussicht.
Historisches Museum, Im Schloss, 9320 Arbon, Tel. +41 (0) 71 446 57 16, www.museum-arbon.ch, ÖZ 15. Juni - 15. Sept. 14-17 Uhr, Jan.-Dez. So 14-17 Uhr.

72 Saurer Museum

Franz Saurer baute 1863 im Ort die „Mechanische Werkstätte Eisengiesserei Franz Saurer-Stoffel, Arbon“ auf. Es wurden Stickmaschinen, Webstühle und später Lastwagen gebaut. Heute produziert die Firma nur Stickereimaschinen. Im Museum sind **Nutzfahrzeuge** der Marken Saurer und Berna, Motoren, Schnittmodelle und mehr zu sehen. Das Museum erhielt 2014 den „Stiletto“, die höchste Auszeichnung, die ein Museum in Europa für „Verdienste mit Freiwilligenarbeit und für die Gemeinschaft“ erhalten kann.

Saurer Museum, Weitegasse 8, 9320 Arbon, www.saurermuseum.ch, Tel. +41 (0)71 440/ 13 80, ÖZ 10-18 Uhr.

Arbon

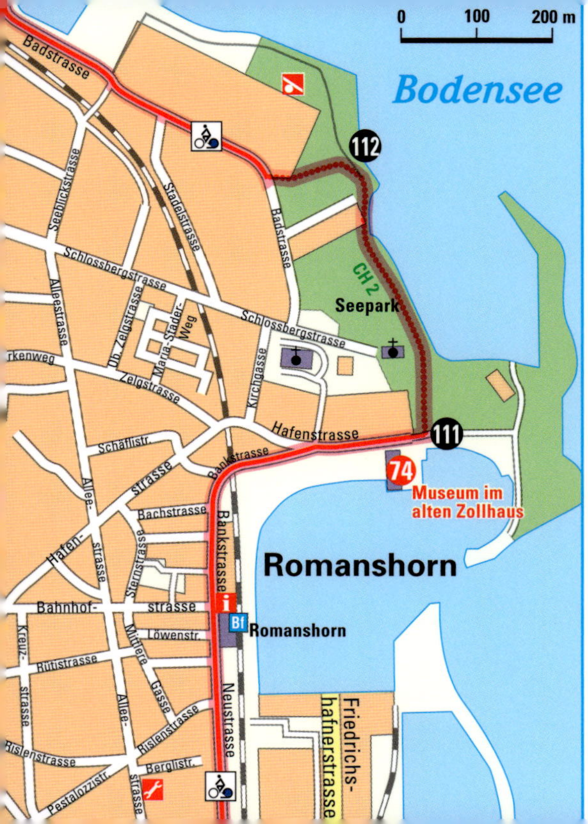

Romanshorn zu Kartenseite 32

73 Locorama

Ein Verein betreibt das Museum auf einer Bahnanlage mit Lokremise und Drehscheibe. Zwei **Dampfloks**, Elektroloks und Wagen sind ausgestellt. Weiter gibt es einen Fahrsimulator, an dem früher Lokführer ausgebildet wurden, und ein Stellwerk, das mechanisch funktioniert. Auf einer kleinen Gartenbahn werden Fahrten mit Passagieren unternommen. Auf dem Gelände ist ein Kiosk, es werden auch einfache Mahlzeiten angeboten.

Alte SBB-Lokremise, Egnacherweg 1,
CH-8590 Romanshorn, www.locorama.ch,
ÖZ Mai-26. Oktober nur So 11-17 Uhr.

74 Museum im alten Zollhaus

Thema ist die Entwicklung von Romanshorns als wichtige Verkehrs-Drehscheibe am Bodensee – Transportschiffe, Dampfantrieb, „Lustschiffe" und Eisenbahn. Dabei geht es auch um den Trajektverkehr: bis 1976 wurden Eisenbahnwagen per Schiff transportiert.

Museum im alten Zollhaus, Hafenstrasse 31,
8590 Romanshorn,
www.museumromanshorn.ch, ÖZ So 14-17 Uhr.

Kreuzlingen zu Kartenseite 37

75 Seemuseum und Park

In der alten Kornschütte (erbaut 1717) des Klosters Kreuzlingen informiert das Seemuseum auf 1.500 Quadratmetern zu Fischerei, Schifffahrt und zur Landschaft am See. Gezeigt werden unter anderem drei typische Segelboote aus der ersten Hälfte des 20. Jahrhunderts. Das Schloss Seeburg in der Nähe ist ein Restaurant, nicht weit davon ist ein Rosengarten. Beide Gebäude liegen in einem großen Park mit Vogelreservat und Tiergehegen.

Seemuseum, Seeweg 3, Tel. +41 (0)71 688 52 42,
www.seemuseum.ch, ÖZ Juli, Aug., Sept. Di-So 11-17 Uhr;
April, Mai, Juni, und Okt. Mi, Sa, So 14-17 Uhr,
Nov-März Mi, Sa, So 14-17 Uhr.

76 Planetarium

Im Sommer 2002 ist in Kreuzlingen das erste Planetarium der Bodensee-Region eröffnet worden. An die Kuppel können bis zu 7.000 Sterne mit genauer Position und Helligkeit projeziert werden, weiterhin ist die Darstellung der gerafften Bahnbewegungen der Planeten, der Mondphase sowie Finsternisse und vieles

mehr möglich. Es gibt zudem Film- und Bildpräsentationen.

Planetarium und Sternwarte Kreuzlingen, Breitenrainstrasse 21, CH 8280 Kreuzlingen, Tel. (Mo-Fr 14-17 Uhr) +41 (0)71 677 3800, www.bodensee-planetarium.ch , Öffnungszeiten laut Spielplan.

77 Puppenmuseum im Schloss Girsberg

Im Schloss verbrachte Ferdinand Adolf August Heinrich von Zeppelin seine Jugend. Er ist der Konstrukteur der berühmten Luftschiffe. Das Puppenmuseum zeigt eine Sammlung antiker Puppen und Automaten, insgesamt rund 500 Exponate.

Schloss Girsberg, 8280 Kreuzlingen, Tel. +41 (0)71 672 46 55 (8-9 Uhr), ÖZ Puppenmuseum jeden ersten So im Monat von 15-17 Uhr.

Untersee-Tour

Konstanz zu Kartenseite 38

Siehe Seite 53

U1 Wollmatinger Ried

Das Naturschutzgebiet ist 767 ha groß und besteht aus Riedflächen, Streuwiesen und Auwäldern. Dort leben viele seltene Tiere und Pflanzen. Der Naturschutzbund Nabu organisiert mehrmals wöchentlich Führungen (Treffpunkt „Vogelhäusle" in der Nähe der Kläranlage Konstanz, Fritz-Arnoldstr. 2e, 78467 Konstanz), Solarboot- und Kanufahrten.

NABU-Naturschutzzentrum Wollmatinger Ried, Kindlebildstr. 87, 78479 Reichenau, Tel. 07531/78870, www.nabu-wollmatingerried.de

Reichenau zu Kartenseite 41

Die 430 ha große Insel ist seit 150 Jahren mit einem Damm mit dem Festland verbunden, dort leben 3.500 Menschen. Trotz geringer Anbaufläche wachsen dort jährlich 12.000 Tonnen Gemüse: es gibt Gewächshäuser und eine ausgeklügelte Bewässerung. Auf der Insel leben auch 20 Berufsfischer, die von ihnen gefangenen Felchen, Hechte und Forellen werden in den örtlichen Lokalen serviert. Die „Klosterinsel Reichenau" wurde in die Welterbeliste der UNESCO aufgenommen als Kulturlandschaft, die ein herausragendes Zeugnis von der religiösen und kulturellen Rolle eines großen Benediktinerklosters im Mittelalter ablegt: 724 gründete dort der Wanderbischof Pirmin ein **Benediktinerkloster**. Vom 8. bis 11. Jahrhundert entwickelte es sich als Reichskloster zu einem geistigen Zentrum des Abendlandes. Berühmt waren die Klosterbibliothek, die Buch- und Wandmalerei und die Goldschmiedekunst.

U2 Kirche St. Georg

Die im 9. Jh. erbaute Kirche erhielt 100 Jahre später acht vier Meter breite und zwei Meter hohe Wandbilder, die unter anderem Wundertaten von Jesus zeigen.

ÖZ: 9-17 Uhr (saisonal teilweise länger)

U3 Münster

Im Jahr 816 entstanden Teile der heutigen Pfarrkirche, sie wurde danach erweitert. Eine Klostergründung erfolgte dort 724, 1757 wurde es aufgelöst. In der Schatzkammer gibt es Reliquienschreine und weitere Kultgegenstände.

Der Turm kann gegen Eintritt werktags von 10-17 und So und Fei von 12.30-17.30 Uhr bestiegen werden.

U4 Museum Reichenau

Dort erfahren Besucher zum Beispiel, dass ein Reichenauer Mönch vor 900 Jahren die Stunden in Minuten unterteilt hat und wie nach den Vorstellungen im Jahr 825 eine „Klosterstadt" angelegt werden sollte. Faksimiledrucke zeigen die hohe Qualität der Produkte aus der Schreib- und Malschule der Insel. Es geht in der Ausstellung jedoch auch um das bürgerliche Leben auf der Insel, dort war früher der Weinbau wichtig. Im Dachgeschoss befindet sich eine naturkundliche Sammlung. Das Museum ist in einem Fachwerkhaus untergebracht, die ersten beiden Geschosse stammen aus dem 12. Jh.

Museum Reichenau, Ergat 1 + 3, 78479 Reichenau, Tel. 07534 / 999 321, www.museumreichenau.de, ÖZ April-Okt. 10.30-16.30 Uhr; Juli und August 10.30-17.30 Uhr; Nov.-März Sa, So + Feiertag 14-17 Uhr

Insel Reichenau mit Kirche St. Peter und Paul

U5 Kirche St. Peter und Paul

Die jetzige dreischiffige Basilika stammt aus dem 11. Jh. Aus dieser Zeit gibt es noch in der Apsis Malereien: Rechts und links huldigen Petrus und Paulus, in der Mitte sind die zwölf Apostel und darunter Propheten. Um 1750 wurde die Kirche im Rokoko-Stil umgebaut.

ÖZ: 9-17 Uhr (saisonal teilweise länger)

Hegne zu Kartenseite 41

U6 Kloster Hegne

Dort ist die Gemeinschaft der Barmherzigen Schwestern vom heiligen Kreuz ansässig. Im Kloster gibt es öffentliche Konzerte, Kunstausstellungen und Gottesdienste.

Kloster Hegne, Konradistraße 12, 78476 Allensbach-Hegne, Tel. 07533 / 807 -0, www.kloster-hegne.de

Allensbach zu Kartenseite 41

U7 Mühlenweg-Museum

In diesem Museum geht es um das Leben von Fritz Mühlenweg (geb. 1898 in Konstanz und gestorben 1961 in Allensbach), der an einer Ostasien-Expedition von **Sven Hedin** teilnahm und bis 1932 dreimal die Mongolei besuchte. Gezeigt werden Fotos, ein Film zur Expedition und mehr Exponate aus dem Leben des Schriftstellers und Künstlers.

Mühlenweg-Museum im Bahnhof, Konstanzer Straße 12, 78476 Allensbach, www.mühlenwegmuseum.de, ÖZ: 1. Juni bis 15. Sept. Mo-Fr 9-18 und Sa 10-13 Uhr. 16. Sept. bis 31. Mai Mo-Fr 9-12 und 14-17 Uhr.

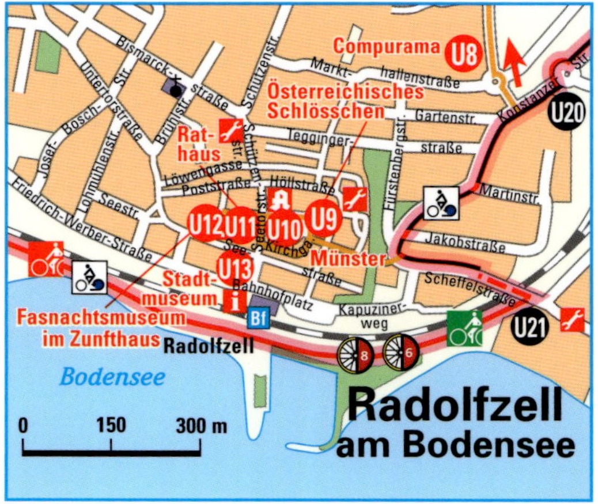

Radolfzell zu Kartenseiten 44/45

U8 Compurama

Hier geht es hauptsächlich um historische Schreib- und Büromaschinen und Computer. In der Bibliothek stehen rund 100 Bücher. Alte Geräte werden funktionstüchtig gemacht, Softwares gerettet.

Compurama, Güttinger Straße 19, 78315 Radolfzell, Tel. 07732/81-386, www.compurama-radolfzell.de

U9 Österreichisches Schlösschen

Das Gebäude am Marktplatz beherbergt heute die Stadtbücherei. 1619 begannen die Planungen für das Bauwerk für Erzherzog Leopold den V., Regent von Tirol und den Österreichischen Vorlanden. Es wurde zeitweise als Rathaus genutzt.

U10 Münster

Im 1436 begonnenen Bau ist eine Kreuzigungsgruppe des Bildhauers Hans Schenck zu sehen, die um 1622 entstand. Das Münster hat den mit 82 Metern höchsten Kirchturm am Bodensee.

U11 Rathaus

Täglich erklingt ein Glockenspiel um 10.05, 12.05, 15.05 und 20.05 Uhr, derzeit das Badnerlied und das Hausherrenlied im Wechsel.

Rathaus, Marktplatz 2, 78315 Radolfzell

U12 Fasnachtsmuseum im Zunfthaus

Geschichte und die Bräuche rund um die Fasnet präsentiert die Narrizella Ratoldi 1841, die Stadt ist eine der Fasnetshochburgen im süddeutschen Raum.

Museum im Zunfthaus, Kaufhausstr. 3, 78315 Radolfzell, Tel. 0 77 32 / 98 82 33, ÖZ nach Vereinbarung

U13 Stadtmuseum

In der ehemaligen Apotheke aus dem Jahre 1689 geht es zwar auch um die Pharmaziegeschichte des Hauses, jedoch vor allem um die Geschichte der Stadt Radolfzell, eine der ältesten am Bodensee. In einem speziellen Bereich werden Werke des **Malers Carl Spitzweg** (1808-1885) präsentiert. Er schuf 1500 Bilder und Zeichnungen, das bekannteste ist „Der arme Poet" – ein Schriftsteller liegt in seiner kargen Dachstube im Bett, über sich einen aufgespannten Regenschirm.
Stadtmuseum, Seetorstr. 3, 78315 Radolfzell, Tel. 07732/81-530, ÖZ: Di-So 11-17 Uhr

Gaienhofen

zu Kartenseite 45

U14 Hesse Museum Gaienhofen

In Gaienhofen lebte von 1904 bis 1912 der **Schriftsteller Hermann Hesse**. Bis zum Bau eines eigenen Hauses 1907 wohnte er in einem Bauernhaus im Ortskern. Dort befindet sich nun das Museum, Hesses Jahre im Ort werden darin dokumentiert. Weitere Schriftsteller und Verleger, die in dieser Region gelebt und gewirkt haben, werden in der Abteilung „Literaturlandschaft Höri" vorgestellt: der jüdische Dichter Jacob Picard, der Autor und Zeitschriftenherausgeber Udo Rukser, die Autoren Klaus Nonnenmann und Hans Leip sowie der Verleger Curt Weller. Des Weiteren gibt es eine Gemälde- und Skulpturengalerie mit Werken einiger „Höri-Künstler": **Max Ackermann**, **Otto Dix**, **Helmuth Macke** und der Kunsthistoriker Walter Kaesbach fanden nach 1933 im Ort Zuflucht, später folgten Erich Heckel, der Fotograf Hugo Erfurth und viele andere. Weiter informiert eine Ausstellung zu den Pfahlbauten über das Leben in der Jungsteinzeit am Untersee. Hintergrund: Als „Höri" wird die Halbinsel bezeichnet, die in den Untersee ragt. Sie besteht aus den Gemeinden Moos, Gaienhofen und Öhningen.
Hermann-Hesse-Höri-Museum, Kapellenstraße 8, 78343 Gaienhofen, Tel. 07735/440949, www.hesse-museum-gaienhofen.de, ÖZ: Mitte März -Ende Okt. Di-So und Fei 10-17 Uhr, 1. Nov. - Mitte März Fr und Sa 14-17, So und Fei 10-17 Uhr.

Blick auf den Kirchturm des Münsters „Unsere Lieben Frauen"

U15 Museum Haus Dix Hemmenhofen

Geboren 1891 in Gera, wurde **Otto Dix** in den 1920er Jahren zum führenden Repräsentanten der Neuen Sachlichkeit. Während des Dritten Reichs verlor er als einer der ersten in Deutschland 1933 seine Professur. 1936 bezog die Familie ihr Haus, wo heute ein Museum untergebracht ist. Bis zu seinem Tod 1969 wohnte und arbeitete Otto Dix dort. Für Gepäck gibt es am Eingang zum Grundstück abschließbare Boxen.

Museum Haus Dix Hemmenhofen, Otto-Dix-Weg 6, 78343 Gaienhofen-Hemmenhofen, Tel. 07735/937160, www.museum-haus-dix.de, ÖZ: 3. Samstag im März bis 31. Oktober Mi-So 10-17 Uhr.

Wangen

zu Kartenseite 47

U16 Museum Fischerhaus

Die **Pfahlbausiedlungen** in Wangen-Hinterhorn zählen zum Weltkulturerbe der UNESCO. Dort befanden sich vor 4.000 bis 6.000 Jahren jungsteinzeitliche Siedlungen. Sie wurden als erste Fundstelle am Bodensee bereits 1854 entdeckt. Im Fischerhaus sind Tongefäße, Stein-, Knochen- und Geweihgeräte sowie im Seeboden unter Luftabschluss erhalten gebliebene Getreideähren und Körner zu sehen. Außerdem werden Fossilienfunde aus der Region gezeigt.

Museum Fischerhaus Wangen, Seeweg 1a, 78337 Öhningen-Wangen, Tel. 0773573922, www.museum-fischerhaus.de, ÖZ: Mi-So und Fei 14-17 Uhr.

Stein am Rhein

Stein am Rhein

zu Kartenseiten 46/47

U17 Krippenmuseum

Im ältesten original erhaltenen Haus (1302) der Stadt zeigt die Firma „Krippenwelt Stein am Rhein“ in jährlich wechselnden Ausstellungen jeweils zwischen 500 bis 700 Krippen aus aller Welt. Sie weist so auf den

Ursprung des Weihnachtsfestes hin.
Krippenwelt Stein am Rhein AG, Oberstadt 5, 8260 Stein am Rhein, Tel. +41 (0)52 721 00 05, www.krippenwelt-ag.ch, ÖZ: Ab Mitte März Mi-So 10-17 Uhr

U18 Bemalte Bürgerhäuser

Die Altstadt gehört zu den schönsten der Städte am Bodensee. Ins Auge fallen die bemalten Bürgerhäuser: Großflächige Malereien an den Fassaden mit vielen Szenen. Das Haus Weißer Adler hat Fresken, die als früheste erhaltene Fassadenmalerei der Renaissance in der Schweiz gelten. Sie zeigen eine Art „humanistische Laienpredigt".

U19 Kloster St. Georgen

Auf die ehemalige Benediktinerabtei hat man von der Rheinbrücke einen schönen Blick. Bedeutend ist der spätgotische Kreuzgang und im „Festsaal" ein 500 Jahre alter **Freskenzyklus**.
Museum Kloster Sankt Georgen, Fischmarkt 3, 8260 Stein am Rhein, Tel. +41 (0)52 741 21 42, www.klostersanktgeorgen.ch ÖZ April bis Okt. Di-So 10-17 Uhr

U20 Burg Hohenklingen

Hoch über der Altstadt thront die mittelalterliche Festung (Fußweg von der Altstadt rund 40 Minuten, 200 Höhenmeter). Sie wurde nicht zerstört.

In der Burg ist ein Restaurant, öffentlich zugänglich sind Bergfried, Innenhof und die Laube.
ÖZ: 1. Mai bis 30. Sept. Di-Sa 10-23, So 10-18 Uhr.

U21 Kirche und Kastell

Auf der anderen Rheinseite befindet sich die Johanneskirche. Im Chor sind schöne Wandmalereien erhalten. Die 30 Bilder aus der Zeit um 1420 schildern Szenen aus der Heilsgeschichte. Die Kirche liegt im Kastell Tasgetium der Römer aus dem 3. Jh., von diesem sind Mauerreste zu sehen.

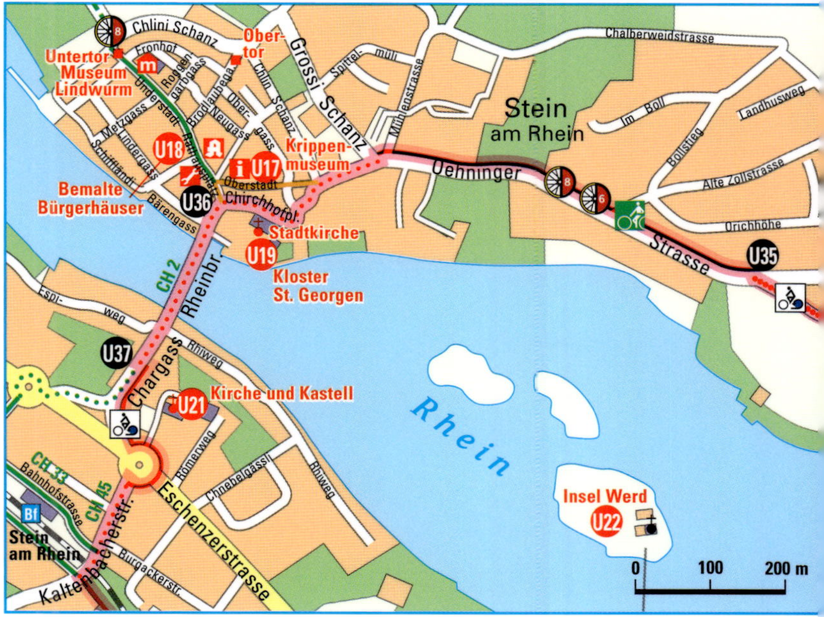

Eschenz zu Kartenseite 47

U22 Insel Werd

Eigentlich sind es mehrere Inselchen, die nahe bei Stein im Rhein liegen. Die Hauptinsel ist von Eschenz über eine 200 Meter lange Fußgängerbrücke erreichbar. Dort ist das Kloster Werd, darin leben **Franziskaner**. Werd wurde schon vor 5.000 Jahren von Pfahlbauern bewohnt und die Römer nutzten die Inseln, um eine Brücke zum anderen Ufer des Untersees zu bauen.

Franziskaner-Konvent, Kloster St. Otmar,
Im Werd, 8264 Eschenz, Tel. +41 52 741 26 62
Die Stundengebete um 7, 12 und 18 Uhr sind öffentlich.

Mannenbach-Salenstein zu Kartenseite 49

U23 Napoleonmuseum Thurgau

Auf der Anhöhe am See gab es vor 500 Jahren ein Schloss, das ab 1817 nach den Vorstellungen der neuen Besitzerin Hortense de Beauharnais (1783-1837) umgebaut wurde. Sie war Königin von Holland, verheiratet mit dem jüngeren Bruder Napoleons, Louis Bonaparte, und Mutter des **Kaisers Napoleon III**. Ihm ist das 1906 gegründete Museum gewidmet. Sehenswert ist auch der Schlosspark. Auf dem Gelände ist ein Bistro.

Steg Insel Werd

Napoleonmuseum Thurgau, Schloss und Park Arenenberg, CH - 8268 Salenstein, Tel. 0041 (0)58 345 74 10, www.napoleonmuseum.tg.ch, ÖZ 31. März-19. Okt. Mo-So 10-17 Uhr

Informationsstellen

Allgemeine Informationsstellen

Internationale Bodensee Tourismus GmbH, Hafenstraße 6, 78462 Konstanz, Tel. 0 75 31 / 90 94 99, www.bodensee.eu

Deutsche Bodensee Tourismus GmbH, Albrechtstr. 77, 88045 Friedrichshafen, Tel. 0 75 41 / 37834-0, www.echt-bodensee.de

Bodensee-Vorarlberg Tourismus, Postfach 9, 6901 Bregenz / Österreich, Tel. +43 (0) 55 74 / 4 34 43-0, www.bodensee-vorarlberg.com

Vorarlberg Tourismus GmbH, Poststr. 11, 6850 AT Dornbirn, Tel. +43 (0) 55 72 / 37 70 33-0, www.vorarlberg.travel

Ostschweiz Tourismus, Fürstenlandstrasse 53, CH-9000 St.Gallen, Tel. +41 (0) 71 / 274 99 00, www.ostschweiz.ch

Thurgau Bodensee, Friedrichshafnerstrasse 55a, CH-8590 Romanshorn, Tel. +41 (0) 71 / 5 31 01 31, www.thurgau-bodensee.ch

REGIO Konstanz-Bodensee-Hegau e.V., Hussenstr. 2, 78462 Konstanz, Tel. 0 75 31 / 717 24 40, www.bodenseewest.eu

In Richtung der beschriebenen Route (im Uhrzeigersinn) um den Bodensee:

Tourist-Information Konstanz GmbH, Bahnhofplatz 43/ Bahnhof, 78462 Konstanz am Bodensee, Tel. 0 75 31 / 13 30 30, www.konstanz-tourismus.de

Mainau GmbH, 78465 Insel Mainau, Tel. 0 75 31 / 303-0, www.mainau.de

Litzelstetten, Großherzog-Friedrich-Str. 10, 78465 Litzelstetten, Tel. 0 75 31 / 94 23 79-13, www.konstanz.de/litzelstetten-mainau/tourismus

Tourist-Information Bodman-Ludwigshafen (Büro Ludwigshafen), Hafenstraße 5, 78351 Ludwigshafen, Tel. 0 77 73 / 93 00 40, www.bodenseepur.de

Tourist-Information Ludwigshafen (Büro Bodman), Seestraße 5, 78351 Bodman, Tel. 0 77 73 / 93 00 48, www.bodenseepur.de

Tourist-Information Sipplingen, Seestraße 3, 78354 Sipplingen, Tel. 0 75 51 / 9 49 93 70, www.sipplingen.de

Kur und Touristik Überlingen GmbH, Landungsplatz 5, 88662 Überlingen am Bodensee, Tel. 0 75 51 / 9 47 15 22, www.ueberlingen-bodensee.de

Tourist-Information Uhldingen-Mühlhofen, Ehbachstr. 1, 88690 Uhldingen-Mühlhofen, Tel. 0 75 56 / 9 21 60, www.seeferien.com

Meersburg Tourismus, Kirchstr. 4, 88709 Meersburg am Bodensee, Tel. 0 75 32 / 44 04 00, www.meersburg.de

Tourist-Information Hagnau, Seestraße 16, 88709 Hagnau am Bodensee, Tel. 0 75 32 / 43 00 43, www.hagnau.de

Tourist-Information, Dr.-Zimmermann-Straße 1, 88090 Immenstaad, Tel. 0 75 45 / 20 37 00, www.immenstaad-tourismus.de

Tourist-Information Friedrichshafen, Bahnhofplatz 2, 88045 Friedrichshafen, Tel. 0 75 41 / 37834-02 03 54 444, www.friedrichshafen.de

Tourist-Information Langenargen, Obere Seestraße 2/1, 88085 Langenargen, Tel. 0 75 43 / 93 30-92, www.langenargen-tourismus.de

Tourist-Information, Im Bahnhof, 88079 Kressbronn a.B, Tel. 0 75 43 / 9 66 50, www.kressbronn.de

Tourist-Information Nonnenhorn, Seehalde 2, 88149 Nonnenhorn, Tel. 0 83 82 / 82 50, www.nonnenhorn.de

Tourist-Information Wasserburg, Lindenplatz 1, 88142 Wasserburg, Tel. 0 83 82 / 88 53 53, www.wasserburg-bodensee.de

Lindau Tourismus und Kongress GmbH, Alfred-Nobel-Platz 1, 88131 Lindau im Bodensee, Tel. 0 83 82 / 88 99 900, www.lindau-tourismus.de

Bregenz Tourismus & Stadtmarketing GmbH, Rathausstraße 35a, A-6900 Bregenz, Tel. +43 (0) 55 74 / 49 59-0, www.bregenz.travel

Marktgemeinde Hard, Marktstraße 18, CH-6971 Hard, Tel. +43 (0) 55 74 / 6 97 0, www.hard.at/de/tourismus-und-hafen/

Rorschach Tourismus, Hafenpavillon, CH-9400 Rorschach, Tel. +41 (0) 71 / 8 41 61 41, www.st.gallen-bodensee.ch/de/entdecken/regionen/rorschach.html

Tourist Information, Friedrichshafnerstraße 55a, CH-8590 Romanshorn, Tel. +41 (0) 71 / 532 01 31, www.thurgau-bodensee.ch/de/stories/romanshorn.html

Kreuzlingen Tourismus, Seestr 45, CH-8280 Kreuzlingen, Tel. +41 (0) 71 / 531 01 31, www.thurgau-bodensee.ch/de/stories/kreuzlingen.html

In Richtung der beschriebenen Route (gegen den Uhrzeigersinn) um den Untersee:

Konstanz: Siehe Bodensee

Tourist-Information, Pirminstraße 145, 78479 Reichenau, Tel. 0 75 34 / 92 07-0, www.reichenau-tourismus.de

Tourist-Information Radolfzell, Seestraße 30, 78315 Radolfzell, Tel. 0 77 32 / 8 15 00, www.radolfzell.de

Tourist-Info Moos, Bohlinger Straße 18, 78345 Moos, Tel. 0 77 32 / 99 96 17, www.moos.de

Kultur- und Gästebüro, Im Kohlgarten 1, 78343 Gaienhofen, Tel. 0 77 35 / 99 99 123, www.gaienhofen.de/tourist-info

Tourist-Information Öhningen, Klosterplatz 1, 78337 Öhningen, Tel. 0 77 35 / 8 19 20, www.oehningen.de

Tourismus Stein am Rhein, Oberstadt 3, CH-8260 Stein am Rhein, Tel. +41 (0) 52 / 6 32 40 32, www.tourismus.steinamrhein.ch

Steckborntourismus, Seestrasse 123, CH-8266 Steckborn, Tel. +41 (0) 58 / 346 20 00, www.steckborntourismus.ch

Tourismusinformation epoint, Kiosk Ermatingen GmbH, Bahnhof, CH-8272 Ermatingen, Tel. +41 (0)71 / 664 18 12, www.epoint-ermatingen.ch

Kreuzlingen: Siehe Bodensee

Fahrradwerkstätten am Bodensee-Radweg

In Richtung der beschriebenen Route (im Uhrzeigersinn) um den Bodensee:

Konstanz

- Indigo Werkstatt und Verleih, Kreuzlinger Str 2, Tel. 0 75 31 / 2 84 66 64, www.indigo-konstanz.de
- Radsport Radial, Inselgasse 13, Tel. 0 75 31 / 2 25 32, www.radial.de
- Zweirad Wagenknecht, Reichenaustraße 14B, Tel. 075 31 / 6 19 79, www.zweirad-wagenknecht.de
- Rocco der Fahrradladen, von-Emmich-Straße 3, Tel. 0 75 31 / 3 69 76 30, www.roccoderfahrradladen.de
- Fahrradeck, Wollmatinger Straße 57, Tel. 0 75 31 / 3 61 79 37, www.fahrradeck-konstanz.de

Konstanz-Reichenau

- Zweirad JOOS GmbH & CO. KG, Am Dachsberg 12, Tel. 0 75 31 / 8 07 67 18, www.fahrradlagerverkauf.com

Überlingen

- RAD-Böhme, Owingerstr. 8, Tel. 0 75 51 / 94 90 33
- Weidemann Fahrrad, und E-Bike Center, Rengoldshauserstraße 9, Tel. 0 75 51 / 94 82 55, www.fahrradshop24.com

Immenstaad

- Sporträdle, Meersburger Straße 27, Tel. 0 75 45 / 14 44, www.sportraedle.de
- Zweirad Joos, Gehrenbergstraße 18, Tel. 0 75 45 / 7 49 99 84, www.zweirad-joos.de

Friedrichshafen

- Sterzai Bikes, Paulinenstraße 7, Tel. 0 75 41 / 2 12 71, www.sterzaibikes.com
- Radladen Gmeiner, Werastraße 29, Tel. 0 75 41 / 3 78 30 70, www.radladengmeiner.de
- Radl-Ecke, Spatenstraße 2, Tel. 0 75 41 / 3 81 76 06, www.radl-ecke.de
- Zweirad-Mach, Bismarckstraße 19, Tel. 0 75 41 / 2 66 69
- 18 Grad Bike Store, Metzstraße 2, Tel. 0 75 41 / 9 71 05 70, www.18-grad.de

Kressbronn

- Deusch Zweiräder, Bodanstraße 34, Tel. 0 75 43 / 67 85, www.zweirad-deusch.de
- Radsport Senger, Kirchstraße 19, Tel. 0 75 43 / 80 25, www.radsport-senger.de

Nonnenhorn

- Fahrrad Unger, Bahnhofstr. 3, Tel. 0 83 82 / 2 75 82 40, www.fahrrad-unger.de

Wasserburg

- Unger's Fahrradverleih, Steffen Unger, Halbinselstraße 49, Tel. 0 83 82 / 88 84 96, www.fahrrad-unger.de

Lindau

- Radgeber, Wackerstraße 11, Tel. 0 83 82 / 9 89 34 00, www.radgeber-lindau.de
- Unger, Inselgraben 14, Tel. 0 83 82 / 94 36 88, www.fahrrad-unger.de
- Radstation, Kemptenerstr. 16, Tel. 0 83 82 / 2 12 61, www.fahrradstation-lindau.de
- Radsport Jausovec, Schulstraße 28, Tel. 0 83 82 / 7 98 70, www.radsport-jausovec.de
- Fahradies, Schönauer Str. 102, Tel. 0 83 82 / 48 17, www.fahrradies-lindau.de/

Bregenz

- Radsport Drissner, Rheinstraße 64, Tel. +43 (0) 55 74 / 6 60 22, www.rasportdrissner.at
- Zweirad Egger, Bahnhofstr. 53, Tel. +43 (0) 55 74 / 5 30 60, www.weirad-egger.at
- Radshop Procycle, Kornmarktstraße 9, Tel. +43 (0) 55 74 / 4 24 77, www.pro-cycle.at

Hard

- Radwelt Hard, Seestraße 4, Tel. +43 (0) 55 74 / 8 98 96, www.radwelt-hard.at
- DJ's Bikeshop, Kohlplatzstraße 2a, Tel +43 (0) 55 74 / 6 36 01, www.djsbikeshop.at

Thal

- Zweirad Signer, Mesmerenweg 2, Tel. +41 (0) 71 8 88 / 13 93, www.zweirad-signer.ch

Rorschach

- Bischibikes, Hauptstr. 63, Tel. +41 (0) 71 / 5 34 16 80, www.bischibikes.ch
- Rad 9, Tödistr. 9, Tel. +41 (0) 71 / 841 80 00, www.rad9.ch
- Zweirad Meier GmbH, Löwenstraße 35, Tel. +41 (0)71 / 841 23 51, www.zweirad-meier.ch

Arbon

- Bike Action, St. Gallerstr. 51, Tel. +41 (0) 71 / 4 46 02 20, ww.bikeaction.ch
- Hohl Velomarkt, Bahnhofstraße 52, Tel. +41 (0)71 / 446 02 02, www.hohlvelomarkt.ch
- Velos Herzog, Salwiesenstraße 6, Tel. +41 (0) 446 / 12 33, www.velos-herzog.ch

Egnach

- Egnacher 2Rad-Center, Bahnhofplatz 6, Tel. +41 (0) 7 14 / 70 05 06, www.egnacher-2rad-center.com

Romanshorn

- Reto Neuhaus, Alleestrasse 54, Tel. +41 (0) 71 / 588 06 19, www.veloneuhaus.ch
- Velo Lang, Bahnhofstraße 65, Tel. +41 (0) 7 14 63 / 22 70

Kreuzlingen

- Bike Laden, Romanshornerstr. 52, Tel. +41 (0) 71 / 686 00 00
- Brunner 2 Rad Shop, Hauptstr. 91, Tel. +41 (0) 71 / 672 90 92
- Velo Rüegger, Löwenstrasse 28, Tel. +41 (0) 71 672 56 72, www.veloruegger.ch

In Richtung der beschriebenen Route (gegen den Uhrzeigersinn) um den Untersee:

Konstanz

Siehe oben

Radolfzell

- Zweirad Joos, Schützenstraße 11, Tel. 0 77 32 / 82 36 80, www.zweirad-joos.de
- Zweirad Mees, Höllturm-Passage 1, Tel. 0 77 32 / 28 28, www.zweirad-mees.de

Stein am Rhein

- River Bike, Rathausplatz 15, Tel. +41 (0) 52 74 1 55 41, www.riverbike.ch

Übernachtungsverzeichnis

Im Folgenden finden Sie neben den ADFC-Bett+Bike-zertifizierten weitere in Routennähe befindliche Beherbergungs-Betriebe.

Bett+Bike-Betriebe zeichnen sich dadurch aus, dass sie u.a. Radler auch nur für eine Nacht aufnehmen und mit einem reichhaltigen Frühstück bewirten. Die vom ADFC vorgeschriebenen Mindestanforderungen sowie aktuelle Adressen können Sie unter

www.bettundbike.de erfahren.

Die mit Nummer gekennzeichneten Adressen finden Sie in der Karte wieder.

Folgende Preiskategorien (unverbindlich, zur Vorauswahl) haben wir für Sie ausgewählt: I bis 30 €, II 31-50 €, III 51-70 €, IV >70 € (Preis pro Übernachtung, eine Person im Doppelzimmer).

Rund um den Bodensee

Konstanz

- Gästehaus Centro, Bahnhofplatz 4, Tel. 0 75 31 / 4 57 18 18, www.gaestehauscentro.de, Kat. II 1
- Hotel Bella Vista, Schiffstr. 12, Tel. 0 75 31 / 36 31 570, www.bellavista-konstanz.de, Kat. II 2
- Jugendherberge Otto-Moericke-Turm, Zur Allmannshöhe 16, Tel. 0 75 31 / 3 22 60, www.jugendherberge-konstanz.de, Kat. I 3
- Ibis Hotel, Benediktinerplatz 9, Tel. 0 75 31 / 4 57 00, www.ibiskonstanz.de, Kat. II-III
- Barleben Am See, Seestraße 15, Tel. 0 75 31 / 94 23 30, www.hotel-barleben.de, Kat. II-III
- Hotel Halm, Bahnhofplatz 6, Tel. 0 75 31 / 12 10, www.hotel-halm.de, Kat. IV
- Wiesentäler Hof Hotel Garni, Zogelmannstraße 5, Tel. 0 75 31 / 23 385, www.hotel-wiesentaeler.de, Kat. III

Konstanz - Allmannsdorf

- Hotel Bella Vista, Schiffstr. 12, Tel. 0 75 31 / 3 63 15 70, www.bellavista-konstanz.de, Kat. II-III

Konstanz - Dingelsdorf

- Campingplatz Klausenhorn, Hornwiesenstr. 40/42, Tel. 0 75 33 / 63 72, www.camping-klausenhorn.de, Kat. I 4
- Anker, Zur Schiffslände 5, Tel. 0 75 33 / 62 20, www.ankerdingelsdorf.de, Kat. II
- Seeschau, Zur Schiffslände 11, Tel. 0 75 33 / 51 90, www.gasthaus-seeschau.de, Kat. II

Konstanz-Wallhausen

- Haus Seehang, Seehang 20, Tel. 0 75 33 / 9 31 00, www.hotel-haus-seehang.de, Kat. II

Konstanz-Dettingen

- Landhotel Traube, Kapitän-Romer-Straße 9b, Tel. 0 75 33 / 9 32 20, www.landhoteltraube.com, Kat. II-III

Konstanz - Wollmatingen

- Gästehaus „Linde“, Radolfzeller Str. 27a, Tel. 0 75 31 / 97 420, www.hotel-linde.com, Kat. III 5

Konstanz - Litzelstetten

- Naturcampingplatz Litzelstetten-Mainau, Großherzog-Friedrich-Straße 43, Tel. 0 75 33 / 94 97 63, www.naturcamping-mainau.de, Kat. I 6

Bodman

- Seehaus, Kaiserpfalzstraße 21, Tel. 0 77 73 / 56 62, www.seehaus-bodman.de, Kat. II
- Fischerhaus, Am Torkel 9, Tel. 0 77 73 / 55 01, www.hotel-fischerhaus.de, Kat. II-III

Bodman-Ludwigshafen

- Anker Hotel, Kaiserpfalzstr. 24, Tel. 0 77 73 / 52 56, www.anker-bodman.de, Kat. II 7
- Anker-Relax Gästehaus, Kaiserpfalzstr. 24, Tel. 0 77 73 / 52 56, www.ankerrelax.de, Kat. II 8

Ludwigshafen

- Campingplatz Schachenhorn, Radolfzeller Straße 23, Tel. 0 75 33 / 9 37 68 51, www.camping-schachenhorn.de, Kat. I CAMPINGPLATZ
- Bodenseehotel Krone, Hauptstraße 25, Tel. 0 77 73 / 9 31 30, www.bodenseehotelkrone.de, Kat. II
- Hotel Traube, Radolfzeller Straße 2, Tel. 0 77 73 / 93 83 03, www.traube-bodensee.de, Kat. II
- Bodenseehotel Immengarten, Überlingerstraße 26, Tel. 0 77 73 / 9 37 420, www.bodensehotel-immengarten.de, Kat. III

Stockach - Wahlwies

- Gasthof zum Adler, Leonhardstr. 29, Tel. 0 77 71 / 35 27, www.adler-wahlwies.de, Kat. II 9

Sipplingen

- Gästehaus Bettina, Im Eckteil 22a, Tel. 0 75 51 / 6 42 14, www.Bodenseepension.de, Kat. II 10
- Pension Regenscheidt, Morgengasse 4A, Tel. 0 75 51 / 9 20 20, www.pension-regenscheit.de, Kat. II
- Landhaus Sternen, Burkh.-von-Hohenfels Straße 20, Tel. 0 75 51 / 8 30 79, www.landhaussternen.de, Kat. III,
- Gästehaus St. Martin, St.-Martin-Straße 25, Tel. 0 75 51 / 6 96 96, www.gaestehaus-st-martin.de, Kat. III
- Lupinenhotel Bodensee, Prielstraße 4, Tel. 0 75 51 / 6 12 27, www.lupinenhotel.de, Kat. II-IV
- Hotel Seeliebe, Seestraße 54, Tel. 0 75 51 / 6 32 11, www.krone-am-see.de, Kat. III-IV

Überlingen

- Pension Klosterhof, Christophstr. 17, Tel. 0 75 51 / 35 82, www.pension-klosterhof.de, Kat. I 11
- Hotel Zähringer Hof, Münsterstr. 36-38, Tel. 0 75 51 / 6 36 65, www.hotel-zaehringerhof.de, Kat. III 12
- Rotes Haus, Obertorstr. 12, Tel. 0 75 51 / 94 78 90, www.rotes-haus-ueberlingen.de, Kat. II
- Strandhotel Seehof, Strandweg 6, Tel. 0 75 51 / 94 79 80, www.seehof-bodensee.de, Kat. II-III
- Martin-Buber-Jugendherberge, Alte Nußdorfer Str. 26, Tel. 0 75 51 / 42 04, www.jugendherberge-ueberlingen.de, Kat. I 13
- Hotel Wiestor, Wiestorstraße 17, Tel. 0 75 51 / 8 30 60, www.wiestor.de, Kat. IV
- Hotel Alpenblick, Nußdorfer Straße 35, Tel. 0 75 51 / 9 20 40, www.alpenblickhotel.de, Kat. III
- Campingplatz Nell, Zur Barbe 5, Tel. 0 75 51 / 42 54, www.campingplatz-nell.de, Kat. I

Uhldingen

- Haus Seefrieden, Seefelder Str. 44, Tel. 0 75 56 / 86 16, seefrieden@gmx.de, Kat. II-III 14
- Pension Zimmermann, Poststr. 18, Tel. 0 75 56 / 67 41, www.pension-zimmermann.de, Kat. II
- Camping Birnau-Maurach, Tel. 0 75 56 / 66 99, www.birnau-maurach.de, Kat. I
- Hotel Seevilla, Seefelder Straße 36, Tel. 0 75 56 / 9 33 70, www.sevilla.de, Kat. IV
- Gästehaus Mäder, Seefelder Straße 4A, Tel. 0 75 56 / 96 64 70, www.gaestehaus-maeder.de, Kat. II-III
- Hotel Restaurant Seehof, Seefelder Straße 8, Tel. 0 75 56 / 9 29 30, www.hotel-seehof.com, Kat. III
- Hotel Seepark, Meersburger Straße 27, Tel. 0 75 56 / 4 28 53 00, www.hotel-seepark.de, Kat. III
- Gästehaus am See „Uferperle", Meersburger Str. 19, Tel. 0 75 56 / 9 66 87 75, www.uferperle.com, Kat. III

Meersburg

- Pension Säntisblick, Von-Laßberg-Str. 1, Tel. 0 75 32 / 92 77, www.tp-meersburg.de, Kat. I-II
- Flair Hotel Zum Schiff, Bismarckplatz 5, Tel. 0 75 32 / 4 50 00, www.hotelzumschiff.de, Kat. II 15
- JUFA Hotel Meersburg am Bodensee, Vorburggasse 1-3, Tel. 0 75 32 / 4 45 80 92, www.jufahotels.com/hotel/meersburg, Kat. II 16
- Aurichs Hotel Restaurant Weinbar, Steigstraße 28, Tel. 0 75 32 / 4 45 98 55, www.aurichs.com, Kat. III
- Weinstube Hotel Restaurant Zum Bengel, Unterstadtstraße 30, Tel. 0 75 32 / 60 60, www.hotel-bengel.de, Kat. IV
- Hotel Löwen, Marktplatz 2, Tel. 0 75 32 / 4 30 40, www.hotel-loewen-meersburg.de, Kat. III
- Strandhotel Wilder Mann, Bismarckplatz 2, Tel. 0 75 32 / 8 07 580, www.meersburg-wilder-mann.de, Kat. III
- Romantik Hotel Residenz am See, Uferpromenade 11, Tel. 0 75 32 / 8 00 40, www.hotel-residenz-meersburg.com, Kat. IV

Hagnau

- Gästehaus Stengele, Dr.- Fritz-Zimmermann-Str. 11, Tel. 0 75 32 / 62 38, www.gaestehaus-stengele-hagnau.de, Kat. I-II **17**
- Hotel Dreikönig Hagnau, Hauptstr. 18, Tel. 0 75 32 / 80 79 60, www.dreikoenig-hagnau.de, Kat. II-III
- Sonnenstube, Seestraße 17, Tel. 0 75 32 / 59 00, www.sonnenstube-bodensee.de, Kat. II
- Hotel Der Löwen, Hansjakobstraße 2, Tel. 0 75 32 / 62 41, www.loewen-hagnau.de, Kat. III-IV
- Garni Hotel Mohren, Am Sonnenbühl 10, Tel. 0 75 32 / 94 28, www.hotel-mohren-hagnau.de, Kat. III-IV
- Hotel Villa am See, Meersburger Straße 4/3, Tel. 0 172 / 31 55 333, www.villa-am-see.de, Kat. IV

Immenstaad

- Campingplatz Schloss Kirchberg, Tel. 0 75 45 / 64 13, www.camping-kirchberg.de, Kat. I CAMPINGPLATZ
- Camping Helmsdorf, Helmsdorfweg 1, Tel. 0 75 45 / 62 52, www.schlosshelmsdorf.de, Kat. I CAMPINGPLATZ
- Appartement-Hotel Seerose, St.-Jodokus-Weg 15, Tel. 0 75 45 / 9 32 10, www.seerose-immenstaad.de, Kat. III
- Hotel Seehof, Am Yachthafen, Tel. 0 75 45 / 93 60, www.seehof-hotel.de, Kat. IV
- Hotel Gasthof Krone, Wattgraben 3, Tel. 0 75 45 / 62 39, www.hotel-krone-immenstaad.de, Kat. III
- Landhaus Müller, Frickenwäsele 20, Tel. 0 75 45 / 9 32 60, www.landhaus-mueller-immenstaad.de, Kat. IV
- Gasthof Hotel Adler, Dr.-Zimmermann-Straße 2, Tel. 0 75 45 / 93 28 30, www.adler-immenstaad.de, Kat. III

Kluftern

- Gästehaus Stock, Markdorfer Str. 32, Tel. 0 75 44 / 91 22 07, www.gaestehaus-stock.de, Kat. II **18**
- Friedrichshafen - Schnetzenhausen
- Ringhotel Krone Schnetzenhausen, Untere Mühlbachstr. 1, Tel. 0 75 41 / 40 80, www.ringhotel-krone.de, Kat. IV **22**

Friedrichshafen

- Hotel Goldener Hirsch, Charlottenstr. 1, Tel. 0 75 41 / 9 23 30, www.gold-hirsch.de, Kat. II
- Villa von Soden Hotel Garni, Zeppelinstr. 32, Tel. 0 75 41 / 9 53 90, www.villavonsoden.de, Kat. II
- Gasthof Rebstock, Werastr. 35, Tel. 0 75 41 / 9 50 16 40, www.gasthof-rebstock-fn.de, Kat. II **19**
- Comfort Hotel Friedrichshafen, Ailinger Str. 128, Tel. 0 75 41 / 36 00 100, www.comfort-hotel-friedrichshafen.de, Kat. III
- Camping Hotel Pension CAP Rotach, Lindauer Str. 2, Tel. 0 75 41 / 70 07 77 77, www.cap-fn.de, Kat. III **20**
- Don-Bosco Haus, Jugend- & Gästehaus, Rotenmoos 18, Tel. 0 75 41 / 3 81 30, www.don-bosco-haus.de, Kat. II **21**
- PLAZA Hotel Föhr, Albrechtstraße 73, Tel. 0 75 41 / 30 50, www.plazahotels.de, Kat. II-IV
- Central Hotel, Olgastraße 64, Tel. 0 75 41 / 3 74 89 70, www.central-hotel-friedrichshafen.de, Kat. III
- PLAZA Hotel Buchhorner Hof, Friedrichstraße 33, Tel. 0 75 41 / 20 50, www.plazahotels.de, Kat. III
- Select Hotel Friedrichshafen, Karlstraße 43, Tel. 0 75 41 / 28 50, www.select-hotels.com, Kat. II
- Jugendherberge, Lindauer Str. 3, Tel. 0 75 41 / 7 24 04, www.jugendherberge-friedrichshafen.de, Kat. I

Eriskirch

- Gästehaus St. Theresia, Moos 2, Tel. 0 75 41 / 97 09-0, www.gaestehaus-sankt-theresia.de, Kat. II **23**

Langenargen

- AKZENT Hotel Löwen, Obere Seestr. 4, Tel. 0 75 43 / 30 10, www.loewen-langenargen.de, Kat. III **24**
- Hotel und Gasthof Krone, Marktplatz 10, Tel. 0 75 43 / 9 34 30, www.hotel-krone-langenargen.de, Kat. II
- Seevital Hotel Schiff, Marktplatz 1, Tel. 0 75 43 / 9 33 80, www.seevital.de, Kat. IV
- Hotel Klett, Obere Seestraße 15, Tel. 0 75 43 / 22 10, www.hotel-klett.de, Kat. III-IV
- Hotel Amtshof, Obere Seestraße 43, Tel. 0 75 43 / 12 68, www.amtshof-langenargen.de, Kat. III
- Hotel Im Winkel, Im Winkel 9, Tel. 0 75 43 / 93 40 10, www.hotel-imwinkel.de, Kat. III-IV

Kressbronn am Bodensee

- Teddybärenhotel®, Nonnenbacher Weg 33, Tel. 0 75 43 / 9 62 70, www.teddybaerenhotel.de, Kat. III **25**
- Pension am Bodensee, Bodanstr 7, Tel. 0 75 43 / 73 82, www.pension-am-bodensee.de, Kat. IV
- Karl Frey Campingplatzbetrieb, Schnaidt 13, Tel. 0 75 43 / 6 05 90, www.campingplatz-gohren.de, Kat. I CAMPINGPLATZ
- Campingplatz Iriswiese, Tunau 16, Tel. 0 75 43 / 80 10, www.campingplatz-iriswiese.de, Kat. I CAMPINGPLATZ
- Gästehaus Rosenhof, Bodanstraße 2, Tel. 0 75 45 / 93 60, www.gaestehaus-rosenhof.de, Kat. IV
- Hotel Seehof, Seestraße 25, Tel. 0 75 43 /9 63 60, www.seehof-hotel.de, Kat. III
- Hotel Krone, Hauptstraße 41, Tel. 0 75 43 / 9 60 80, www.hotel-krone-kressbronn.de, Kat. II

Nonnenhorn

- Hotel-Gasthof „Zur Kapelle“, Kapellenplatz 3, Tel. 0 83 82 / 82 74, www.witzigmann-kapelle.de, Kat. III 26
- Hotel Seewirt, Seestraße 15, Tel. 0 83 82 / 98 85 00, www.hotel-seewirt.de, Kat. II-IV
- Hotel Adler, Sonnenbichlstraße 25, Tel. 0 83 82 / 82 34, www.hotel-adler.de, Kat. II-III
- Ringhotel Krone Schnetzenhausen, Untere Mühlbachstr. 1, Tel. 0 75 41 / 40 80, www.ringhotel-krone.de
- Hotel Zum Torkel, Seehalde 14, Tel. 0 83 82 / 9 86 20, www.hotel-torkel.de, Kat. IV
- Gästehaus Wezler, Sonnenbichlstraße 17A, Tel. 0 83 82 / 98 85 70, www.haus-bodensee.de, Kat. II

Wasserburg /Bodensee

- Gästehaus Seemann, Uferstraße 6-8, Tel. 0 83 82 / 8 97 55, www.dampfjacht.de, Kat. II
- Ferienwohnung Ludwig Beck, Uli-Wieland-Straße 19, Tel. 0 83 82 / 2 53 52, www.fewobeckludwig.wordpress.com, Kat. I
- Hotel Garni Vitamari, Am Tiefen Brunnen 3, Tel. 0 160 / 928 02 353, www.vitamari-hotel.de, Kat. III
- Hotel Gästehaus Zürn, Höhenstraße 25, Tel. 0 83 82 / 9 85 10, www.hotel-gaestehaus-zuern.de, Kat. II
- Schloss Hotel, Halbinselstraße 78, Tel. 0 83 82 / 2 73 33 00, www.schloss-hotel-wasserburg.de, Kat. IV
- Camping Eschbach, Höhenstraße 16, Tel. 0 83 82 / 88 77 15, www.camping-eschbach.de, Kat. I CAMPINGPLATZ
- Baumanns Ferienhof am See, Reutener Straße 42, Tel. 0 83 82 / 58 88, www.baumanns-ferienhof-am-see.de, Kat. II

Lindau /Bodensee - Schachen

- Hotel Lindenallee, Dennenmoos 3, Tel. 0 83 82 / 27 50 670, www.hotel-lindenallee.de, Kat. III-IV

Weißensberg

- Hotel Bayerischer Hof Rehlings, Lindauer Straße 85, Tel. 0 83 89 / 9 20 10, www.bayerischer-hof-rehlings.de, Kat. II-III

Lindau /Bodensee

- Fair B & B Westküste, Hintere Insel 1, Tel. 0 176 524 56 340, www.westkuestelindau.de, Kat. II
- Insel Hotel, Maximilianstraße 42, Tel. 0 83 82 / 50 17, www.insel-hotel-lindau.de, Kat. III 27
- Hotel Alte Schule Lindau, Alter Schulplatz 2, Tel. 0 83 82 / 9 11 44 44, www.hotelalteschule-lindau.de, Kat. II
- Hotel Reutiner Hof, Kemptenerstraße 94, Tel. 0 83 82 / 97 70 70, www.reutinerhof.de, Kat. II
- Jugendherberge Lindau, Herbergsweg 11, Tel. 0 83 82 / 9 67 10, www.lindau.jugendherberge.de, Kat. II 28
- Hotel Seerose Lindau, Auf der Mauer 3, Tel. 0 83 82 / 2 41 20, www.seerose-lindau.de, Kat. II 29
- Hotel Schreier Am See, Färbergasse 2, Tel. 0 83 82 / 27 72 90, www.hotel-schreier.de, Kat. III-IV
- Park-Camping Lindau Am See, Fraunhoferstraße 20, Tel. 0 83 82 / 7 22 36, www.park-camping.de, Kat. I
- Hotel Café Ebner, Friedrichshafener Straße 19, Tel. 0 83 82 /9 30 70, www.ebner-lindau.de, Kat. II-III
- Gasthaus Inselgraben, Hintere Metzgergasse 4, Tel. 0 83 82 / 54 81, www.inselgraben.de, Kat. II-III
- Hotel Ratsstuben, Ludwigstraße 7, Tel. 0 83 82 / 66 26, www.ratsstuben.li, Kat. III-IV
- Hotel Gasthof Stift, Stiftsplatz 1, Tel. 0 83 82 / 9 35 70, www.hotel-stift.de, Kat. III
- Gasthof Zum Zecher, Bregenzer Straße 146, Tel. 0 83 82 / 96 13 30, www.gasthof-zecher.de, Kat. II

Bregenz

- Hotel Schwärzler, Landstraße 9, Tel. +43 (0) 55 74 / 49 90, www.schwaerzler.s-hotels.com, Kat IV
- Hotel Weißes Kreuz, Römerstraße 5, Tel. +43 (0) 55 74 / 49 88, www.hotelweisseskreuz.at, Kat. IV
- Hotel Ibis, Sankt-Anna-Straße 11, Tel. +43 (0) 55 74 / 52 45 00, www.accorhotels.com, Kat. II
- Hotel Garni Matt, Wuhrbaumweg 36, Tel. +43 (0) 55 74 / 7 17 77, www.hotelgarnimatt.at, Kat. III
- 4-Länder Hotel Deutschmann, Rheinstraße 83a, Tel. +43 (0) 55 74 / 6 77 40, www.deutschmann-bregenz.at, Kat. III

Hard

- Hotel am See, Uferstraße 1, Tel. +43 (0) 55 74 / 6 30 00, www.hotelamsee.biz, Kat. IV
- Junges Hotel Hard (Jugendherberge), Allmendstraße 87, Tel. +43 (0) 55 74 / 7 34 35, www.jugendherberge-hard.at, Kat. II
- Die Krone Hard, Hofsteigstraße 14, Tel. +43 (0) 55 74 / 63 000, www.kronehard.com, Kat. III

Fußach

- Rohrspitz Camping, Rohr 1, Tel. +43 (0) 55 78 / 7 57 08, www.salzmann.at, Kat. I CAMPINGPLATZ

Höchst

- Gasthof Linde, Kirchplatz 16, Tel. +43 (0) 55 78 / 7 53 78, www.die-linde.at, Kat. III
- Gasthof Hecht, Gaißauer Straße 26, Tel. +43 (0) 55 78 / 7 54 08, www.hechtwirt.at, Kat. III

- Dassmartehotel, Landstr. 57, Tel. +43 (0) 55 78 / 7 76 00, www.dassmartehotel.at, Kat. II

Staad

- Bodensee Hotel Weißes Rössli, Hauptstraße 69, Tel. +41 (0) 71 / 855 15 15, www.weissesroessli.ch, Kat. III
- Schlosswartegg, Von Blarer Weg 1, Tel. +41 (0) 71 / 8 58 62 62, www.wartegg.ch, Kat. IV

Rorschach

- Herberge See Rorschach, Churerstraße 4, Tel. +41 (0) 71 / 844 97 12, www.herberge-rorschach.ch, Kat. III
- Hotel Mozart, Hauptstraße 82, Tel. +41 (0) 71 / 844 47 47, www.mozart-rorschach.ch, Kat. III
- Hotel Roessli, Hauptstraße 88, Tel. +41 (0) 71 / 844 68 68, www.hotel-roessli.ch, Kat. III

Horn

- Hotel Bad Horn, Seestraße 36, Tel. +41 (0) 71 / 844 51 51, www.badhorn.ch, Kat. IV
- Hotel Schiff, Seestraße 74, Tel. +41 (0) 71 / 845 50 20, www.hotelschiff-horn.ch, Kat. III

Steinach

- Hotel Garni Seeheim, Hauptstraße 25, Tel. +41 (0) 71 / 446 66 66, www.garni-steinach.ch, Kat. III

Arbon

- Restaurant Brauerei Hotel Frohsinn, Romanshornerstraße 15, Tel. +41 (0) 447 / 84 84, www.frohsinn-arbon.ch, Kat. IV
- Hotel Müllers Self Checkin, Hafenstraße 6, Tel. +41 (0) 71 / 511 05 0544 77, www.hotel-muellers.ch, Kat. IV
- Hotel Römerhof, Freiheitsgasse 3, Tel. +41 (0) 71 / 447 30 30, www.roemerhof-arbon.ch, Kat. IV
- Hotel Restaurant Seegarten, Seestraße 66, Tel. +41 (0) 71 / 447 57 57, www.hotelseegarten.ch, Kat. IV
- Camping Buchhorn Arbon, Philosophenweg 17, Tel. +41 (0) 71 / 446 65 45, www.arbon.ch/freizeit_tourismus/camping, Kat. I CAMPINGPLATZ

Egnach

- Landgasthof Seelust, Wiedehorn, Tel. +41 (0) 71 / 474 75 75, www.seelust.ch, Kat. III
- Campingplatz Seehorn, Wiedehorn, Tel. +41 (0) 71 / 477 10 06, www.seehorn.ch, Kat. I CAMPINGPLATZ

Romanshorn

- Schlosshotel, Schlossbergstraße 26, Tel. +41 (0) 71 / 466 78 00, www.schlossromanshorn.ch, Kat. IV
- Fischerhäuser, Mittlere G 11, Tel. +41 (0) 76 / 814 08 08, www.fischerhaeuser.ch, Kat. IV
- Jugendherberge Romanshorn, Gottfried-Keller-Straße 6, Tel. +41 (0) 71 / 463 17 17, www.youthhostel.ch/de/hostels/romanshorn, Kat. I JUGENDHERBERGE

Uttwil

- Strandbad Restaurant und Campingplatz, Strandbadstraße, Tel. +41 (0) 71 / 463 47 74, www.strandbad-uttwil.ch, Kat. I CAMPINGPLATZ
- B & B im Müsli, Im Müsli 12, Tel. +41 (0) 71 / 463 21 36, www.bnbimmuesli.weebly.com/contact.html, Kat. III
- Hotel Garni Frohsinn, Romanshornerstraße 3, Tel. +41 (0) 71 / 463 44 84, www.frohsinn-uttwil.ch, Kat. IV

Kesswil

- B & B Seaview, Riewtwiesenstraße 41, Tel. +41 (0) 76 / 73 86 09, www.bnbseaview.business.site, Kat. III

Güttingen

- Hotel Restaurant Zum goldenen Lamm, Hauptstraße 26, Tel. +41 (0) 71 / 690 08 07, www.gasthaus-zum-goldenen-lamm.ch, Kat. IV
- Sokrates Hotel Restaurant, Im Park 5, Tel. +41 (0) 71 / 694 55 05, www.hotel-sokrates.ch, Kat. IV
- Residenz Lindeneck, Hauptstraße 37, Tel. +41 (0) 71 / 695 10 10, www.residenz-lindeneck, Kat. III

Altnau

- Campingplatz Ruderbaum, Ruderbaum 3, Tel. +41 (0) 71 / 695 29 65, www.ruderbaum.ch, Kat. I CAMPINGPLATZ

Landschlacht

- Hotel Restaurant Sonne, Seestraße 30, Tel. +41 (0) 71 / 695 19 18, www.sonne-landschlacht.ch, Kat. III

Münsterlingen

- Hotel Ristorante Pizzeria Rotes Haus, Seestraße 10, Tel. +41 (0) 71 / 695 19 16, www.dasrotehaus.ch, Kat. III

Kreuzlingen

- Hotel SiX, Hauptstraße 6, Tel. +41 (0) 71 / 525 34 34, www.hotelsix.ch, Kat. III
- Hotel Kreuzlingen am Hafen, Seestraße 50, Tel. +41 (0) 71 / 677 88 99, www.hotel-kreuzlingen.ch, Kat. IV

- Hotel Bodensee-Arena, Seestraße 11B, Tel. +41 (0) 71 / 677 15 30, www.bodensee-arena.com, Kat. III
- Hotel-Restaurant Plaza, Löwenstraße 23, Tel. +41 (0) 71 / 672 68 68, www.hotelplaza.ch, Kat. III
- Camping (auch Zimmer) Fischerhaus, romenadenstraße 52, Tel. +41 (0) 71 / 6 88 4903, www.camping-fischerhaus.ch, Kat. I CAMPIGPLATZ
- Jugendherberge Kreuzlingen, Promenadenstraße 7, Tel. +41 (0) 71 / 6 88 26 63, www.youthhostel.ch/de/hostels/kreuzlingen, Kat. I

Rund um den Untersee

Reichenau

- Pension Keller, Am Vögelisberg 13, Tel. 0 75 34 / 92 10 21, www.pension-keller-reichenau.de, Kat. II
- 'S Hobelbänkle, Rosendornweg 5, Tel. 0 75 34 / 13 83, www.hobelbaenkle.de, Kat. I-II
- Pension Keller, Am Vögelisberg 13, Tel. 0 75 34 / 92 10 21, www.pension-keller-reichenau.de, Kat. III
- mein inselglück, Abt-Berno-Straße 3, Tel. 0 75 34 / 99 55 960, www.meininselglueck.de, Kat. III
- Strandhotel Löchnerhaus, An der Schiffslände 12, Tel. 0 75 34 / 80 30, www.loechnerhaus.de, Kat. IV
- Ganter Hotel und Restaurant Mohren, Pirminstraße 141, Tel. 0 75 34 / 9 94 40, www.mohren-bodensee.de, Kat. IV
- Campingplatz Sandseele, Bradlengasse 24, Tel. 0 75 34 / 73 84, www.sandseele.de, Kat. I CAMPINGPLATZ

Allensbach

- Hotel St. Elisabeth, Konradistr. 1, Tel. 0 75 33 / 93 66-20 00, www.st-elisabeth-hegne.de, Kat. III 30
- Hotel Am See, Gallus-Zembroth-Straße 19, Tel. 0 75 33 / 50 91, www.hotel-amsee.de, Kat. III
- Gasthaus Rose Hotel, Konstanzer Straße 23, Tel. 0 75 33 / 31 00, www.haus-rose.de, Kat. III
- Campingplatz Allensbach und Restaurant, Strandweg 30, Tel. 0 75 33 / 9 97 65 65, www.campingamsee.com, Kat. I CAMPINGPLATZ
- Campingplatz Willam, Seeweg 1F, Tel. 0 75 33 / 99 72 93, www.christian-willam.de, Kat. I CAMPIGPLATZ

Radolfzell-Markelfingen

- RADHOTEL + Einkehr am Gleis, Unterdorfstr. 24, Tel. 0 77 32 / 89 27 10, www.amgleis.de, Kat. III
- Landgasthof Kellhof, Markolfstraße 8, Tel. 0 77 32 / 8 91 99 88, www.hotel-kellhof.com, Kat. III
- Naturfreundehaus Bodensee, Radolfzeller Straße 1, Tel. 0 77 32 / 82 37 70, www.nfhb.de, Kat. I CAMPIMGPLATZ
- Campingplatz Markelfingen, Unterdorfstr. 25, Tel. 0 77 32 / 1 06 11, www.campingplatz-markelfingen.de, Kat. I CAMPINGPLATZ

Radolfzell

- Hotel Christine, Strandbadstraße 62, Tel. 0 77 32 / 9 47 10, www.hotel-christine.de, Kat. III
- Hotel Garni Iris am See, Rebsteig 2, Tel. 0 77 32 / 9 47 00, www.hotelirisamsee.de, Kat. IV
- Art Villa am Se, Rebsteig 2/2, Tel. 0 77 32 / 9 44 40, www.artvilla.de, Kat. IV
- Gasthaus Krone, Obertorstraße 2, Tel. 0 77 32 / 92 990, www.bodenseehotel-krone.de, Kat. III
- Haus Estrella, Zeppelinstraße 7, Tel. 0 77 32 / 94 09 410, Kat. II
- Hotel und Gästehaus Zur Schmiede, Friedrich-Werber-Straße 22, Tel. 0 77 32 / 9 91 40, www.zur-schmiede.com, Kat. III
- Hotel-Gasthof Seerose, Mooser Straße 36, Tel. 0 77 32 / 35 79, www.seerose-radolfzell.de, Kat. III

Moos

- Gasthaus Schiff, Hafenstr. 1, Tel. 0 77 32 / 9 90 80, www.schiff-moos.de, Kat. II 31

Moos - Bankholzen

- Restaurant + Hotel Zum Sternen, Schienerbergstr. 23, Tel. 0 77 32 / 24 22, www.zum-sternen.de, Kat. II 32

Iznang

- Gasthaus Seehof, Seestraße 5, Tel. 0 77 32 / 43 02, www.seehof-iznang.de, Kat. III

Gaienhofen - Horn

- Gästehaus & Jugendhotel am See, Hornstaader Str. 50, Tel. 0 77 35 / 9 85 20, www.spassamsee.de, Kat. III 33
- Seehörnle, Hörnliweg 14, Tel. 0 77 35 / 93 77 00, www.seehoernle.de, Kat. III
- Hotel Gasthof Hirschen, Kirchgasse 3, Tel. 0 77 35 / 9 33 80, www.hotelhirschen-bodensee.de, Kat. IV
- Campingplatz Horn mit Café und Restaurant, Strandweg 3-18, Tel. 0 77 35 / 6 85, www.gaienhofen.de/Campingplaetze/campingplatzhorn, Kat. I CAMPINGPLATZ

Gaienhofen

- Landgasthof Kellhof, Hauptstraße 318, Tel. 0 77 35 / 20 35, www.kellhof.de, Kat. IV

- Hotel Höri, Uferstraße 20, Tel. 0 77 35 / 81 10, www.hoeri-am-bodensee.de, Kat. IV

Öhningen - Wangen

- Camping Wangen, Seeweg 32, Tel. 0 77 35 / 91 96 75, www.camping-wangen.de, Kat. I
- Residenz Seeterrasse, Seeweg 2, Tel. 0 77 35 / 93 000, www.residenz-seeterrasse.com, Kat. II

Öhningen

- Landgasthof Adler, Oberdorfstr. 14, Tel. 0 77 35 / 4 50, www.adler-oehningen.de, Kat. II

Stein am Rhein / Schweiz

- Hotel Restaurant Adler, Rathausplatz 2, Tel. +41 (0) 52 / 741 29 15, www.adlersteinamrhein.ch, Kat. IV
- Hotel Rheinfels, Rhigass 8, Tel. +41 (0) 52 / 741 21 44, www.rheinfels.ch, Kat. IV

Eschenz

- Anni's B+B, Höflerweg 1, Tel. +41 (0) 79 / 7 36 77 55, www.annisbnb.ch, Kat. III 34
- Strohhotel Senn, Hauptstraße 128, Tel. +41 (0) 52 / 533 78 81, www.strohhotel-senn.ch, Kat. II
- Gasthof Raben, Hauptstraße 89, Tel. +41 (0) 52 / 741 21 49, www.gasthof-raben.ch, Kat. III

Steckborn

- See und Park Hotel Feldbach, Feldbach, Tel. +41 (0) 52 / 762 21 21, www.hotel-feldbach.ch, Kat. IV
- See & Park Hotel Feldbach, Feldbach 10, Tel. +41 (0) 52 / 762 21 21, www.hotel-feldbach.ch, Kat IV

Mannenbach-Salenstein

- Seehotel Schiff, Seestraße 4, Tel. +41 (0) 71 / 663 41 41, ww.seehotel.ch, Kat. IV
- Seerestaurant Hotel Seestern, Seestraße 218, Tel. +41 (0) 52 / 761 1717, www.seesternberlingen.ch, Kat. III
- Lilienberg, Blauortstraße 10, Tel. +41 (0) 71 / 663 21 00, www.lilienberg.ch, Kat. IV

Impressum

3. Auflage 2024

Herausgeber: BVA BikeMedia GmbH, Bielefeld

Fotos: Roland Schmellenkamp sowie © Horst Krückemeier (S. 2, 3, 52, 61 rechts/links, 62, 63, 64, 65), Hannes Röst (S. 35), See58 (S. 40 groß), Gerhard Giebener (S. 40 klein, 42, 44, 85), Tourist-Information Konstanz GmbH (S. 8, 54, 56), Mainau GmbH (S. 58 rechts/links), Amt für Tourismus, Kultur und Marketing, Langenargen am Bodensee (S. 71), Bregenzer Festspiele/ Anja Köhler (S. 77), © Bernd Leitner - Fotolia.com (S. 83), © Stefan Arendt - Fotolia.com (S. 88), © Achim Mende, Internationale Bodensee Tourismus GmbH (S. 97), © Kemter/iStock, RossHelen/iStock (Titelmotiv)

Texte: Roland Schmellenkamp

Gestaltung: Krückemeier Medien, Bielefeld

ISBN: 978-3-96990-204-2

ADFC-Radreiseführer und Kompaktspiralos ...
BVA
BikeMedia
Entdecken Sie Deutschlands beliebteste Radfernwege!
wetterfest reißfest
GPS-Tracks Download
Erhältlich im Buchhandel
oder direkt beim Verlag:
BVA BikeMedia GmbH, Niederwall 53,
33602 Bielefeld,
Tel. 0521/59 55 40
www.fahrrad-buecher-karten.de
Elberadweg Nord
Mosel-Radweg
Wasserburgen-Route
Elberadweg Süd
Die NiederRheinroute®
Wikinger-Friesen-Weg
3-Flüsse-Tour
Emscher-Weg
RuhrtalRadweg
Wümme-Radweg
Bodensee-Radweg
EmsRadweg
Vom Teufelsmoor zum Wattenmeer
EuroVelo 3
Aachen – Paris